BIBLE & MOVIE

字幕翻訳　虎の巻

聖書を知ると英語も映画も10倍楽しい

元ワーナー・ブラザース 映画製作室長

小川政弘

もくじ

BIBLE
ENGLISH

第1部

聖書・英語・映画
の切っても
切れない関係

MOVIE

私にとっての聖書と映画

　私にとっての英語との関わりは、当然ながら中学に入ってからの学校の授業だった。戦後間もなくの東北の小さな町で中学、高校を出たので、外国人と直接話す機会など皆無で、典型的な日本人の英語の勉強スタイルで、もっぱら文法とリーディングと解釈だった。それでも高校の時の英語の先生は、英文の暗唱に力を入れておられて、その頃覚えた英語の一節は、しっかりとインプットされて、60年後の今でもすらすら出てくる。いわく――

Arbor day is observed throughout the country. People learn this day how important it is to plant and care for trees. I can still remember the day when my grandfather planted them. He said "When we plant a tree, we are doing our best to make our world a happier place for the people who come after us."

　我ながら驚きだ。しかし、そのまま地方の会社に勤めていたら、私の英語は、まったく日の目を見ずに終わったに違いない。だが転機は、20歳の時に訪れた。私は、青雲の志を抱いて上京し、中学時代から好きだった外国映画の仕事に就くべく、東京のワーナー・ブラザース映画会社の入社にチャレンジしたのだ。なんとかワーナーを訪ね当てて面接を受けた私に、担当の総務部長さんは、「勉強は何が好きか」と聞いた。私は"外国映画の会社だから、英語でなきゃダメだろう"と思い、胸を張って「英語です」と答えた。彼は目の前のインターオフィスメモと呼ばれる社内通信文を手渡し、「これを声に出して読み、訳してみなさい」ときた。ちらりと見ると、ほんの数行の短い英文が書いてある。いざ読みだして頭の中が真っ白になった。英語で、全くちんぷんかんぷんの言語のことを It's Greek と

　いうが、私にとってはまさにギリシャ語だった。私はとっさに、こう答えた。「全体の構文はなんとか分かるのですが、一つ一つの単語が、専門的すぎて分かりません」。総務部長は、ニヤリと笑って、"お情け"で入社させてくれた。私はその瞬間に悟った。"この会社でやっていこうと思ったら、とにかく英語だ！"と――。

　それからの数年間、私は乏しい給料の中から、当時の文部省の英語通信教育で Senior、Grammar、Conversation の3科目すべてを受講し、ひたすら英語に打ち込んだ。

　次に訪れた転機は、入社して20年近くたって、日本代表（社長）がそれまでの日本語ペラペラの二世の方から、バリバリのアメリカ人青年に変わった時だ。それまでは、英語は辞書片手に読んで理解できれば、ともかく用が足りた。ところが今度は、話さなければ通じないのだ！　その頃、総務部長と製作部長（字幕・吹き替え版製作）を兼任していた私は、社長と直結であり、一歩オフィスに入れば、英語が日常語だった。しゃべる前に文法がどうのこうのと考えている場合ではない。ともかく、耳をダンボにして相手の早口英語を聴き、恥も外聞もなく単語をつなぎ合わせては必死にこちらの意思を通じさせにかかった。結果的に、なんとか話は通じた！　私は生来、人に話すのは大の苦手だったが、改めて忽然と悟った。"英語は度胸だ！"と――。

　そこでもう一つの聖書との関わりの話になる。父を小学5年の時に亡くし、姉を高校2年の時に亡くし、母親の女手一つで育てられた私は、"人は運命の大きな力に縛られている"と畏れながら孤独な青春を過ごした。上京して深夜のキリスト教ラジオ放送を聴き、この"運命の力"が天地の創造者である

7

神であることを知った私は、さらに聖書を購入して学ぶうちに、人間が内に持つ自己中心の罪を救うために、独り子のイエス・キリストを十字架につけられた神の愛を知って、神を信じ、クリスチャンとなった。以来、朝な夕な親しんだ聖書は私の生きる糧となり、いろいろな聖書のことば（聖句）が、少しずつ心の中に蓄えられていった。そんな中で、製作の仕事上、私は毎日のように会社の試写室で映画を見た。そして字幕をより分かりやすいものにするために、翻訳者と共に英語台本と日本語翻訳を比較しながら修正しているうちに、セリフの中に、多くの聖書やキリスト教の表現が出てくることに気づいた。そして時には、プロの翻訳者にも、誤訳や難解訳があることも分かってきた。そこで私は、自分が一人の信仰者として、仕事の上で何を神のミッションとすべきかが見え始めた。それは、映画の中の聖書やキリスト教に関わる英語のセリフを、正しく、分かりやすい字幕に練り直すことで、日本の観客に、聖書とキリスト教の教えを正しく伝えることだった。ワーナーにいた 46 年半、とりわけ製作の仕事に携わった後半の 31 年間、私は聖書と英語の切っても切れないつながりの中で、このミッションを遂行する幸いに恵まれた。それは現在も、さる字幕翻訳者養成学校の講壇で、受講生たちに、「聖書を知らずして映像翻訳者にはなれないぞ！」と叱咤しながら語る授業で継続中だ。

　この度、長年、"いつかは本に"と願いつつクラスで使用してきた「聖書と英語」のテキストが出版の運びになり、"幸いこの上なし"の心境だ。この本が、翻訳のプロを目指す人だけでなく、聖書と英語に興味を持つ人の知的好奇心をいささかでも満たすものになれば、まさに望外の幸せである。

2 どれだけ知ってる？　聖書クイズ

　本文に入る前に、まずは次のクイズに挑戦してみてほしい。
全問正解ならこの本を読む必要なし?!　いやいや、クイズは初歩
的なもので、本書は相当専門的なところまで踏み込んでいるので、
そんなことはまったくないが、少なくとも、これを読んだあとに
はこのクイズに全部答えられるようになっているはず。

　全問正解の方も、そうでない方も、どうぞ先にお進みあれ。
(回答は 92-93 頁)

1 以下の英文と、その訳の文章を見て、訳が適切かどうか考
えてください。もし不適切な箇所があれば指摘し、正しく直して
ください。(必要なら意訳 / 補訳しなさい。)

① What the Gospel is all about? It is the story that the Son
of man helps debtors together with Holy Ghost.
(訳) 福音とは何でしょうか？　それは、お子様が、聖なる幽
霊と一緒に、借金を払い切れない人を助ける物語です。

② When you're brought into this world, they say you're
born in sin.
(訳) おまえがこの世に生を受けた瞬間、それだけで罪深きことと
人は言う。

③ I've completely shattered my brother. I'm what Cain was to Abel.

(訳) 俺は完全に弟を閉じ込めた。俺とやつはカインとアベルの関係みたいなものさ。

④ But before I'm six foot deep, Lord I got to ask a favor.

(訳) これ以上泥沼にはまる前に、神よ、一つだけ願いを聞いてくれ。

⑤ Forgive me Father for I have sinned. You did show me all the writing on the wall.

(訳) 赦してくれよ、父さん、俺の犯した罪を。あんたは、壁の落書きも全部見せてくれた。

⑥ But I know he has a heart of gold.

(訳) でも、あの方は、金の心をお持ちだわ。

2 次の英語の日本語訳は、どちらが正しいでしょう

原語
↓

① Old/New Testament	旧 / 新約聖書	旧 / 新訳聖書
② Evangelist	伝導師	伝道師
③ Moses	モーセ	モーゼ
④ Prophet	予言者	預言者
⑤ Pastor	牧師さん	神父様

3 旧約聖書、新約聖書はそれぞれ何語で書かれたでしょう。

① 英語
② ヘブル語
③ ラテン語
④ オランダ語
⑤ ギリシャ語

4 次の文章のうち、間違っているものはどれでしょう。

① キリストが直接選んだ弟子は 12 人である。
② 聖書に「三位一体」ということばは出てこない。
③ キリストの誕生日は 12 月 25 日である。
④ イエスはユダヤ人として生まれた。
⑤ キリストが誕生した際に、東方からやってきた博士は
　　3 人である。
⑥ 旧約聖書より、新約聖書のほうが訳が新しい。

5 次の物語のうち、聖書からネタを取ったものはどれでしょう。

① ウエスト・サイド物語
② 平家物語
③ 大岡越前
④ 水戸黄門

WEST SIDE STORY

3 聖書とは

まずは聖書の概要をつかんでおこう。

聖書とは、キリスト教で最も重要な正典。全66巻。(「聖書の各巻」「聖書の人物」参照)

執筆者及び著作期間

監 修 者：神（聖霊）（Ⅱテモテ 3:16）
著　　者：モーセからヨハネまで約40人
執筆期間：約1,500年（口伝伝承時代を含む）
特　　長：これほどの長期にわたり、これほど多くの人によって書かれたのに、驚くべき統一性と、時代を超えたメッセージの真実性を持っている。

聖書のおもな内容

聖書は"天地創造"をもって始まり、その創造にあずかった人間が罪に陥った歴史、神の御子キリストの先在（世界が始まる前から存在したこと）と受肉（人としてこの世に来たこと）、十字架上の死とよみがえりを描き、再臨（よみがえりのあと天に昇ったキリストが再びこの世界に来ること）による天地の再創造への待望をもって終わる。

旧約聖書と新約聖書

聖書には、旧約と新約という2つの種類があるらしいということを薄々ご存じの方は多いかもしれない。では、この2つ、何が違うのだろうか。時々、旧い訳と新しい訳のことだと勘違いしておられる方もいるが、旧約・新約の「約」は、契約の「約」なのである。以下に、その違いを詳しく見ていこう。

旧約聖書（Old Testament）

＊39巻（カトリックは、これに旧約第2正典として10巻を加える。プロテスタントはこれを旧約外典と呼び、正典とは区別する）。

＊原典（最初に書かれた旧約聖書のオリジナル原稿）は大部分がヘブル語、一部アラム語で書かれており、ＢＣ15世紀から5世紀ぐらいの間、約1,000年にわたって集大成された。

＊イエス・キリストの誕生（受肉）以前に、神がイスラエル民族を通して、キリストの救いの実現について約束したことや、さまざまな人生訓、民族の歴史などが収められている。ユダヤ教から継承したこの聖典を、次に述べる新約（新しい契約）と区別するために、旧約と呼ぶ（したがって、新約聖書を認めていないユダヤ教徒は、旧約とは呼ばず、これのみを聖書と呼んでいる）。

＊「旧約」とは、神が"選びの民"イスラエルをエジプトの奴隷状態から脱出させた時に民と結んだ救いの契約を言う（出エジプト記12:1-14，24:1-8）。

新約聖書（New Testament）

＊27巻（掛け算九九の"三九＜旧約39巻＞二十七＜新約27巻＞"と覚えるといい）。

＊原典はコイネー・ギリシャ語（古代の汎用標準ギリシャ語）。ＡＤ1、2世紀に書かれた。

＊旧約聖書で預言されたメシア（救世主）であるイエス・キリストの教えや受難を記した「福音書」（ちなみに「福音」は、神からの幸福の音信、Good Newsということだ）、使徒たちの伝道記録である「使徒の働き（使徒行伝・使徒言行録）」、ク

リスチャンの生き方を教え諭した手紙、終末とキリストの再臨を記した「ヨハネの黙示録」より成る。

＊「新約」とは、十字架で血を流し、人類の罪を身代わりに負ったイエス・キリストの新しい救いの契約を言う（マタイ 26:26-28、Ⅰコリント 11:23-29）。

新改訳 2017
新日本聖書刊行会

聖書の主な翻訳

日本語：文語訳、口語訳 (Japanese Colloquial Bible)、新改訳 (New Japanese Bible)、新共同訳 (The Bible、The New Interconfessional Translation) などがある。現在おもに使われているのは、新改訳（最新版は新改訳 2017）と新共同訳（最新版は聖書協会共同訳）。そのほか、神学的な緻密さより読みやすさに重点を置き、現代のことば遣いに合わせた訳として『リビングバイブル』もある。

聖書協会共同訳
日本聖書協会

英語：New International Version(NIV)、Today's English Version(TEV)、New King James Version(NKJV)、Living Bible(LB) など。和英対照版もある。

＊これらを比較参照して利用したり、検索して出典や訳を調べるには、CD-ROM「Ｊ－ばいぶる 2017」が便利。現在使われている日本語 4 訳と、TEV と NKJV の英語 2 訳が 1 枚に収められている。

BIBLE って
元々は書・本

聖書の本名は「本」

　聖書は英語で Bible と言い、頭に「Holy（聖）」を付けて Holy Bible とも言うが、これは後につけられたもので、元々の呼び名はただの「Bible（書・本）」。バイブルの語源であるギリシャ語のビブロスも「本」という意味で、英語でも定冠詞付き大文字の The Book は聖書を指す。まさしく「本の中の本」であるわけだ。

聖書の神は「三位一体」の神

　英語では Trinity というが、このことばそのものは、いくら探しても聖書の中には出てこない。簡潔に言うと、「神はただ一つ（一体）であるが、その中に、父と子と聖霊の三位格（言うならご人格、いや、神だからご神格か）を持っている」という教理だ。人間の思考をはるかに超越した神にあっては、その数学も常識を超えている。1/3+1/3+1/3＝1ではなくて、1+1+1＝1なのだ。

　この「父と子と聖霊」ということばなら、マタイの福音書28章19節、コリント人への手紙第2・13章13節などに出てくるし、この教理（この三位格が同等の神的権威を持って現れる）が必然的に導き出される箇所は、旧新約聖書の随所にある。

　それを詳しく研究した神学者テルトリアヌスによって、この「三位一体」ということばは2世紀後半に初めて用いられ、4世紀には教理としてほぼ確立した。これはキリスト教にとってはとても大切な教理で、これが崩れたらキリスト教そのものが崩壊する。

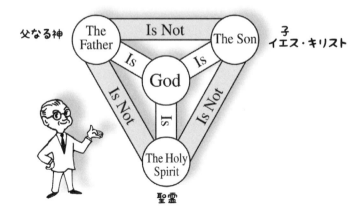

4 押さえておきたい**キリスト教**のことばの**キモ**

さて、この章では、英語との直接的な関連からはちょっと脱線するが、聖書の「意外な素顔」を少し押さえておこう。多少なりとも勉強すると、聖書に関するイメージは思い込みによるものが少なくなかったり、よく知っている話が聖書由来のものだったりすることに気づくものだ。

● 「アーメン」はもともと英語ではない

祈りの最後に用いられる「アーメン」ということばは、ヘブル語でもギリシャ語でも同じ「アーメン」で、「本当に・まことに・確かに・そのとおり・そのようであれ」などの意味で用いられる（Ⅰコリント 14:16）。キリストはたびたび「まことに、まことに（アーメン、アーメン）あなたがたに言う」という言い方で、大切な真理を説き、自身も、「真実（アーメン）である方」と呼ばれている（黙示録 3:14）。訳す時は、状況に応じて「アーメン・そのとおり・まったくだ」などとすればいい。

● エマニエル夫人とインマヌエル

昔、「エマニエル夫人」という映画が話題になったことがある。エマニエル夫人のスペルは Emmanuel，聖書にこのことばが出てくる時のスペルは Immanuel。両者は同じ意味で、発音も同じイマニュエル。聖書のイマニュエルは、イザヤ書 7 章 14 節で、キリスト誕生の 700 年も前に預言された救世主の名前。やがて時が来て、預言どおりにメシヤ＝キリストは誕生した（マタイ 1:23）。したがって、「インマヌエル」（聖書表記）はイエス・キリスト

を指す呼び名で、その意味は「神、我らと共にいます」。

●「キリスト」は実は称号

　江戸時代までの庶民と同じで、聖書時代の人々に姓はなく、"○○の息子の○○""○○村の○○"のように呼ぶのが普通だった。イエスも"ヨセフの子、ナザレのイエス"と呼ばれていた。「キリスト」は、"油注がれた者"という意味で、旧約聖書時代に、王、預言者、大祭司などは就任の際に頭に香油を注がれたことに由来する（イエスがこの名で呼ばれたことは、彼がこの3つの職務を担ってこの世に来たことをも表している）。この場合の油は"神の霊"を象徴し、ヘブル語ではメシア（英語もこれから転じて、Messiah メサイア）、ギリシャ語ではクリストスで、「救世主」とも訳される。ここから英語の Christ クライスト、日本語のキリストになった。したがって、キリストはイエスに付けられた称号（"太閤秀吉"のようなもの）で、彼がその教えとわざで神の子と人々に認められて初めて、この名で呼ばれるようになったのだ。

●「目には目を、歯には歯を」は復讐の勧めにあらず

　このことばを、多くの人が「やられたらやり返せ」という意味で捉え、聖書が「復讐の勧め」をしていると取っているが、さにあらず。2つの点で異なる。まずこれは、やられたほうではなく、やったほう（加害者）の責任を明記したもの。人に危害を加えた者は、必ず償わなければならないということだ。

　もう1つは、その「程度」についてで、償いは相手に与

えた傷害と同じ程度であるべきであって、被害に遭った相手がそれを超えて復讐することを戒めているのである（出エジプト 21:20-25、レビ 24:17-21）。これを難しい法律用語で同態復讐法、同害報復法などという。

　罪の本質は「自己義認＝自己の正当化」で、これあるところ、小さな内輪もめから国を挙げての戦争まで、人間の歴史は「報復の論理」で打ち立てられてきたが、旧約聖書のこの過剰報復禁止の戒めを、キリストはさらに「悪者に手向かうな」という、復讐を禁止する愛の教えにまで高め（マタイ 5:38-39）、自ら十字架上で、人間の罪を一身に償って命を捨てられた。

● あの「大岡裁き」もルーツは聖書

　2 人の女がほぼ同時に赤ん坊を産み、添い寝をしていたが、一夜明けると片方の赤ん坊が死んでいた。その母親は生きている赤ん坊を盗んで、死んだ自分の子とすげ替える。気づいた相手の女が訴えて裁判になるが、名裁判官大岡越前 守 忠相が、「ならば、その子の腕を1 本ずつ持って引き合い、勝ったほうの子とするがよい」と言い、女たちは思いっきり引っ張り合うが、子が痛がって泣くと、本当の母は思わず手を離す。それを見た越前は、その女こそ本当の母親だと断じ、相手の女を罰して、一件落着。人々はその知恵ある裁きにやんやの喝采……というおなじみの大岡裁き。なんと、驚くことにそれとそっくりの話が旧約聖書の列王記第 1・3 章 16 節から 28 節に記載されているのだ。

　実は、この話のルーツはイスラエル最大の国家を築き

three arrows

上げた知恵者ソロモン王。おそらく、宣教師などからこの話を聞いたどこぞの「知恵者」が巧みに大岡裁きの一つに作り上げたのだろう。現代なら著作権侵害の盗作裁判ものだ。

　話のついでにもう一つ、同じく聖書から取り入れられたと思われる逸話を。それは、かの毛利元就が3人の息子に一致団結すべきことを教えるのに用いた「三本の矢」のたとえで、この話は旧約聖書の伝道者の書4章12節に「三つ撚りの糸は簡単には切れない」として出てくる。

●アダムとエバの食べた禁断の実 (forbidden fruit) はリンゴ？　（創世記 2:15-17、3:1-7）

the
Adam's
apple
＝
ノドボトケ

　英語でもノドボトケのことを the Adam's apple などと言うものだから、禁断の果実とはりんごの実だと思っている人が多いが、聖書はりんごとも梨とも桃とも言っていない。言っているのは、エデンの園の中央に生えている「善悪を知る木」の実だということ。アダムとエバは「それを食べるそのとき、目が開かれて、あなたがたが神のようになって善悪を知る者となる」（創世記 3:5）というサタンの誘惑に負けて食べてしまい、楽園エデンの園を追われてしまう。この神の命令の本質は、被造物である人間が、創造者なる神の命令に自分の意思で服従できるかということだった。天使が堕落してサタンになったときがそうであるように、全知全能 almighty になりたいというのは人間の根源的な欲望で、サタンはそこをうまく突いたわけ。この実を食べた2人は、善悪を知るどころか、自分たちが創造者の前には「裸」（無力・無能・無知）の存在であることを知らされることになる。これが人間の罪の始まりで、「原罪」(original sin) という。

● 「狭き門」は人気？　不人気？

「狭い門から入りなさい。滅びに至る門は大きく、その道は広く、そこから入って行く者が多いのです。いのちに至る門はなんと狭く、その道もなんと細いことでしょう。そして、それを見出す者はわずかです」（マタイ 7:13、14）

この聖句もかなりポピュラーになった。今や名門大学入試の代名詞だ。国語辞書にも、「キリスト教で、天国に入ることの難しさのたとえ。入学・就職などの競争が激しいさまにも言う」と出ている。

聖書がポピュラーになるのはいいのだが、ここで気をつけなければいけないのは、やはり文脈。競争が激しくて狭き門になるのは、そこに我も我もと殺到するからだが、聖書にある狭い門（いのちに至る門）のほうは、とんと人気がなくて、そこから入ろうとする人は極めてまれ。人々が、あな恐ろしや、それとも知らずに殺到するのは、広い門（滅びに至る門）だとある。真理の門、まことのいのちの門は、そもそも通ろうとする人が少ないのだ。

しかしそこを通り抜けた人には、キリストと共なるすばらしい愛と喜びの人生が開ける。

● イエスが弟子を叱る決まり文句はこれ！

O man(you) of little faith　「信仰の薄い者たち」（マタイ 6:30、8:26、14:31、16:8 ほか）

"信仰"という神を信じる心の熱心さを表すのに、"厚い・薄い"というのも、ハートの厚味を測っているようで、考えてみるとおもしろい日本語の表現。時には"深い・浅い"とも言うから、人間の心は井戸のようで、さらにおもしろ

い。英語のように "大きな / 小さな信仰" と言ったほうが、分かりやすい気もするが。この「薄い・浅い・小さい」信仰は端的に言えば「不信仰」だが、英語でこのことばが出てきたら「不信心」という訳語は使わないでほしいもの。間違いではないが、慣習的に「信心」のほうは多分に仏教的雰囲気があるから。いずれにしてもキリストの弟子たちは、キリストのそばで生活しながら、しばしば思い煩ったり、恐れたり、疑ったりしては、このことばで叱られた。弟子たちは、「不信仰な」人間の代表なのだ。

●「ハルマゲドン」世界最終戦争はどこで起こる？

「こうして汚れた霊どもは、ヘブル語でハルマゲドンと呼ばれる場所に王たちを集めた」（黙示録 16:16）

ヘブル語・キリシャ語で「ハルマゲドン」は「メギド（マゲドン）の山（ハル）」（イスラエル中部の古戦場）。終末の時には、悪の勢力が神 / キリストに最終的に挑むために、ここに終結し、「ハルマゲドンの戦い」を繰り広げると考えられ、そこから転じて「ハルマゲドン」は、世界の終末自体を指して使われるようになったようだ。それが小惑星の衝突によって起こるという想定で作られたのが、映画「アルマゲドン」（この「ア」は英語の表記、Armagedon から）。

●「エデンの東」は「失楽園」？

「カインは主の前から出て行って、エデンの東、ノデの地に住んだ」（創世記 4:16）

聖書の中で、映画ファンにとってこれほどなじみのあることばも少ない。そう、あのジェイムズ・ディーン不朽の名作、「エデンの東」の出どころであるからだ（ちなみに原作者のジョン・スタインベックは聖書のモチーフが好き

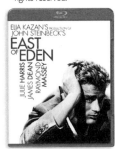

「エデンの東」
ブルーレイ ¥2,381 ＋税
DVD ¥1,429 ＋税
ワーナー・ブラザース ホームエンターテイメント
© 2020 Warner Bros.
Entertainment Inc. All
rights reserved.

だったと見えて、もう一つ『怒りの葡萄（ぶどう）』を書いている。「えっ、それも聖書？」という方のために、これは黙示録14章10節、16章19節から。

　エデンの園は、「楽園」paradise の代名詞のようなもので、創世記の天地創造の物語を端（はな）からフィクションと取る人は、これも架空の場所と思うだろう。だが、聖書学者の間では、実在したチグリス・ユーフラテス川の近くという聖書の記述から、かのメソポタミア文明の発生の地だろうと言われている。アダムとエバ（一般にはイブ）は、この楽園の管理を神から任されていたが、前述のように罪を犯してこの園を追われる。

　この2人から生まれた兄弟、カインとアベルは、神にささげ物をするが、神はなぜか弟アベルのささげ物を受け入れ、兄カインのものは拒む。怒った兄は、弟を野に誘い出して殺してしまうのだ。これが殺人の事始め。かくしてカインは神のもとをさらに遠くに追われ、「エデンの東」ノデの地に住み着くことになる。

　映画「エデンの東」は、原作の一部を脚色したものだが、映画では、兄だけを溺愛する父に、自分が心血込めて作ったキャベツを売って得たお金も拒まれたことから、弟のキャルが復讐のため、兄に、死んだことになっていた母が、実は売春酒場のおかみとして生きている姿を見せる。半狂乱になった兄は死の戦地に出征してしまう。父（神）に受け入れられずに弟を殺してしまう兄カインの役どころを、映画では弟が演じているわけだ。カインは神の予言どおり、地上をさまようさすらい人になり、ノデの地で神なき文明を築いていくことになるが、映画のほうは、脳出血で死期の迫った父が、親に受け入れられない子の心の寂しさに初めて気づき、キャルを「ここにいて、私の世話をしてくれ」

と受け入れるところで終わっている。

● Prophet は預言者か、予言者か

　「わたし（神）は彼らの同胞のうちから、彼らのために
あなた（モーセ）のような一人の預言者を起こして、彼の
口にわたしのことばを授ける。彼はわたしが命じることす
べてを彼らに告げる」（申命記 18:18）

　この聖句は、「預言者」というものの性格を見事に伝え
ている。すなわち預言者とは、「神のことばを預かる者」
であり、それを「人々に告げる者」である。英語の prophet は
ギリシャ語のプロフェーテースから来ている。神のことば
は、もちろん未来についても語られたが、過去についても、
そして何よりも民の現在の生き方についても、悔い改めと
変革を迫るものであった。したがって、聖書では、「預言者」
が正しく、「予言者」はむしろ占いや霊媒の類の偶像礼拝
者で、近づくことを厳しく戒められている。神はモーセを
はじめとして、エリヤ、イザヤ、エレミヤなどの預言者を
起こして、民に語られた。イエスと同時代に生きて、イエ
ス・キリストの道備えをした（メシア到来に備え悔い改め
のバプテスマを受けるよう説いた）バプテスマのヨハネも
預言者である。

　というわけで、「預言者」が「預言する」、が正しいが、
その預言の中で、特に将来・未来について語るときに、際
立たせるために「予言する」とすることはいいだろう。

● キリスト降誕と言えば「三人の博士」だが？

　旧約聖書で預言されたキリスト＝メシアは、やがて神
の時（新約時代）が来てこの世に誕生し、預言は成就する
わけだが、マタイの福音書は、このみどりごを拝みに、は

るばる東方の博士がベツレヘムに訪ねてきたことを記録する（マタイ 2:1-12）。この「東方」は、おそらくバビロニア（現在のイラク）で、「博士」とは、Magi（Magus の複数形：占星術の学者・祭司）であろうと言われている。

さて、この物語を知っている人には、博士の数は 3 人だと思い込んでいる方がいらっしゃるかもしれない。理由は、博士たちが赤子イエスに黄金、乳香、没薬（いずれも当時の高価な貴重品で、王への贈り物にはふさわしい）をささげたので、1 人 1 つとすれば 3 人だろう、と踏んだことによる。実際には、厳しい自然と盗賊という危険の中を、長期間たった 3 人で旅することはまず考えられないので、おそらくは数人から数十人の隊商（キャラバン）だったろうと思われる。

英語では、この「三人の博士」のことを「三人の王」（Three Kings）とも言う。正確には「ケルンの三王」（Three Kings of Cologne）。これは中世のキリスト教伝説で、この博士たちの遺骨が、ケルンの大聖堂にあると言い伝えられたことから。「博士」（Magi）を「王」（King）と呼んだのは、いかにも騎士道華やかなりし中世らしいが、これをずばり映画題名にしているのが、「スリー・キングス」。直接この伝説には関係ない湾岸戦争の映画なので、この辺の知識がないと、なぜこのタイトルなのかちんぷんかんぷんということになる。

●クリスマス、イースターにまつわる年月日の豆知識

今や全世界でキリスト教信者であるなしにかかわらず、12 月 25 日に祝われるクリスマス。ただし、全世界のすべての人がそうではないことを知っておこう。たとえば、イエス・キリストを認めないユダヤ教徒やイスラム教徒は

もちろん祝わないし、東方ギリシャ正教会では1月7日、アルメニア教会では1月19日（旧ユリウス暦では1月6日）がクリスマスなのだ。そして、そのいずれも、キリストが生まれた正確な日ではない。

　これらは、4世紀になって、太陽神を祭る異教の冬至の祭日を、「義の太陽」とも呼ばれるキリストの誕生日として祝うようになったものなのだ。では本当の誕生日は？　というと、キリストが生まれた夜、「羊飼いたちが野宿をしながら、羊の群れの夜番をしていた」（ルカ 2:8）とあることから、冬でなかったことは確か。ベツレヘムの冬は厳寒で、野宿などできる状態ではないのだ。おそらく、3月か4月頃だろうと言われている。なお、「クリスマス」は、「クリスト（キリスト）のマス＝ミサ（礼拝）」という意味。

　次に、クリスマスとともにキリスト教の2大祭典であるイースター。日本でも、最近は少しずつ商戦にも取り入れられてきたが、まだまだクリスマスほどの人気はない。こちらも、もともとはドイツ地方の春の女神の祭りが起源で、冬の厳しいヨーロッパで、春の暖かい太陽の訪れとともに自然界に新しい命がよみがえることを祝うこの祭りを、十字架の死から3日めによみがえったキリストの復活を祝う祭りとして教会行事に取り込んだものである。

　クリスマスと違って、こちらは変則休日で毎年日取りが違う。春分の次の満月の直後の日曜日、と決まっている。

5 「十戒」

「十戒」といえば、チャールトン・ヘストンがモーセを、ユル・ブリンナーがエジプトの王を演じた往年の名画がある。

「十戒」とは、イスラエルの民が奴隷にされていた地、エジプトから救い出されたあとに神から授けられた律法で、読み方は「じゅっかい」ではなく「じっかい」が正しい。第1戒から第4戒までが神と人との間に関する戒めであり、第5戒から第10戒までが人と人の間に関する戒めになっている。人対人の戒めについては、これが現代の法律の基礎となっていることが見てとれるだろう。

「十戒」
DVD（レンタル商品）／NBC
ユニバーサル・エンター
テイメントジャパン
©1956 PARAMOUNT
PICTURES CORPORATION.
ALL RIGHTS RESERVED.
TM.(R) & Copyright©2004
by Paramount Pictures.
All Rights Reserved.

●「十戒」の分け方

キリスト教界では、世界史で習ったように、16世紀にカトリックから独立してプロテスタント教会が誕生した。カトリックは、ローマ法王をトップにした "一枚岩" だが、プロテスタントには多くの教派がある。ルーテル教会などもその一つだ。それを踏まえて、この「十戒」だが、カトリックとルーテル教会は、他のプロテスタント教会と分け方が少し違う。前者の2つでは、29ページに掲げられた第1戒、第2戒を1つにして第1戒とし、第10戒は第9戒、括弧の中が第10戒になる。

次に、英語学習の面からの解釈を少し。

●助動詞 【 shall 】

「十戒」の第4戒、第5戒を除いた残りの8戒は、すべて否定命令「……してはならない」になっているが、その英文はいずれもYou shall not である。アメリカ英語では、もっぱら will が用いられ、shall はほとんど使われず、何やら古めかしい古語のような感

God gods
アイドル(偶像)

「十戒」【2枚組】
Blu-ray発売中／NBCユニバ
ーサル・エンターテイメン
トジャパン 1,886円+税

じがする。現代英語では、Do not (Don't) というところだが、契約文書では、You shall not がよく用いられるのだ(この「十戒」も、考えてみれば、神と人との最初の"契約文書"である)。主語が第二人称の You shall (not) は"話者の意思"を表し、「私はあなたに……させよう(させない)」(=あなたは……するものとする、……してはならない)という厳かな使役(禁止)になる。「話者」が神の意志を反映している「十戒」にはふさわしい言い方と言えよう。

①第1戒【gods 神々】

唯一絶対の神を指す場合は大文字の God。小文字の gods は神々、すなわち、聖書の中においては偶像を指す。

② 第2戒【idol 偶像】

ランダムハウス英和大辞典によれば、idol には「聖書の神以外の神像」という意味がある。また、「(盲目的に)崇拝される人、もの」の意味も。キリスト教用語としての「偶像」も、神像のみならず、金や特定の人、ものなど、度を超して執着する対象を指して言うことがある。

③ 第3戒【the LORD 主】

英文では、ここのみ大文字で書かれている。Lord は、一般にもよく使われることばで、「主人、支配者、首長、(封建時代の)領主、君主、卿(Lord の敬称を持つ貴族への呼称)」などと訳され、「ロード・オブ・ザ・リング」という映画もあった。これが聖書で用いられるときは、「神、キリスト」を指し、この「十戒」でも、「あなたの神、主」と、神と同格の別名になっている。だから特別に大文字で書かれているわけだ。新約聖書では、キリストが弟子たちから、「主よ」と呼ばれていた。

余談だが、旧約聖書の書かれたヘブル語の原文では、ここは「ヤハウ

ェ」という聖なる神を表すことばが用いられている。ところがこの名前を、人々が「みだりに口にする」ことを、この第3戒で禁じられたため、この名を「アドナイ」（主）と読むようになった。それで、長い間に本来の読み方が失われてしまい、近代の研究で、どうやら「ヤハウェ」と読むらしいということが分かった。

④ 第4戒【sabbath　安息日】

ユダヤ教徒にとっては土曜日だが、キリスト教の多くの教派にとっては日曜日を指す。これは、キリストがよみがえった日曜日を記念して礼拝するようになったため。なお「安息日」の読み方だが、プロテスタントは「あんそくにち」と読むが、カトリックは「あんそくび」と読む（共同訳はこちらに合わせている）。映画の吹き替え版でこれを唱えるシーンがあったら、カトリックかプロテスタントかをチェックして言い分けないといけない。

⑤ 第9戒【testimony　証言】

「証言」と訳されることの多いことばだが、キリスト教用語では、「神が自分にしてくださったことを証言する」という意味で「証し、証し（あか）する」ということば遣いをする。

⑥　第10戒【You shall not covet your neighbor's wife　隣人の妻を欲しがってはならない】

あの大ヒット映画「ミッション：インポッシブル」に、この第10戒が出てくる。この映画では、「ヨブ記」も謎解きの大きなカギになっているのだが、もう1つがこれ。トム・クルーズ扮（ふん）する主人公のイーサンが、彼の属するスパイ組織のボスで、実は悪の黒幕だった男の妻とは知らずに、同志の美人女性に近づく。その彼にボスが浴びせるセリフが、これ。「十戒」は、悪者のキメぜりふにも使われるのだ！

The Ten Commandments 十戒 (出エジプト記 20:3-17)

第1戒 (出エジプト記 20:3)

You shall have no other **gods** before me.

あなたには、わたし以外に、
ほかの神があってはならない。

第2戒 (出エジプト記 20:4)

You shall not make for yourself an idol.

あなたは自分のために偶像を
造ってはならない。

第3戒 (出エジプト記 20:7)

You shall not misuse the name of **the LORD** your God.

あなたは、あなたの神、主の名を
みだりに口にしてはならない。

第4戒 (出エジプト記 20:8)

Remember the **Sabbath** day by keeping it holy.

安息日を覚えて、これを
聖なるものとせよ。

第5戒 (出エジプト記 20:12)

Honor your father and your mother.

あなたの父と母を敬え。

第6戒 (出エジプト記 20:13)

You shall not murder.

殺してはならない。

第7戒 (出エジプト記 20:14)

You shall not commit adultery.

姦淫してはならない。

第8戒 (出エジプト記 20:15)

You shall not steal.

盗んではならない。

第9戒 (出エジプト記 20:16)

You shall not give false **testimony** against your neighbor.

あなたの隣人について、
偽りの証言をしてはならない。

第10戒 (出エジプト記 20:17)

You shall not covet your neighbor's house. (You shall not covet your neighbor's wife, or his manservant or maidservant, his ox or donkey, or anything that belongs to your neighbor.)

あなたの隣人の家を欲してはならない。(あなたの隣人の妻、男奴隷、女奴隷、牛、ろば、すべてあなたの隣人のものを欲してはならない。)

6 「 山上の垂訓 」

　「山上の垂訓」（マタイの福音書 5:1-12）は、イエスが語っ
た有名な教えで、「山上の説教」（八福の教え）ともいう。「山上」
がどこを指すか特定はできないが、ガリラヤ湖北西にあるカペ
ナウムという町に連なる丘陵の一つであったと考えられる。こ
こでイエスが「こういう者が幸いである」と語ったその価値観
は、社会の一般的な価値観とは真っ向から対立していた。山上
の垂訓を要約すれば、「自分にとって神が必要であることを悟
り、へりくだり、神の価値観に沿って生きようとする者は幸い
である」ということになる。
　その 8 つの教えが含まれる 12 節を 1 節ずつ見てみよう。

1
Now when he saw the crowds, he went up on a
mountainside and sat down. His disciples came to him,
その群衆を見て、イエスは山に登られた。そして腰を下ろされ
ると、みもとに弟子たちが来た。

2
and he began to teach them saying :
そこでイエスは口を開き、彼らに教え始められた。

3
① "Blessed are the poor in spirit,
for theirs is the kingdom of heaven.
「心の貧しい者は幸いです。天の御国（みくに）はその人たちのものだか
らです。

4 ②Blessed are those who mourn, for they will be comforted.
悲しむ者は幸いです。その人たちは慰められるからです。

5 ③Blessed are the meek, for they will inherit the earth.
柔和な者は幸いです。その人たちは地を受け継ぐからです。

6 ④Blessed are those who hunger and thirst for righteousness, for they will be filled.
義に飢え渇く者は幸いです。その人たちは満ち足りるからです。

7 ⑤Blessed are the merciful,for they will be shown mercy.
あわれみ深い者は幸いです。その人たちはあわれみを受けるからです。

8 ⑥Blessed are the pure in heart, for they will see God.
心のきよい者は幸いです。その人たちは神を見るからです。

9 ⑦Blessed are the peacemakers,for they will be called sons of God.
平和をつくる者は幸いです。その人たちは神の子どもと呼ばれるからです。

10 ⑧ A：Blessed are those who are persecuted because of righteousness, for theirs is the kingdom of heaven.
A：義のために迫害されている者は幸いです。天の御国はその人たちのものだからです。

⑧B：Blessed are you when people insult you, persecute you and falsely say all kinds of evil against you because of me.

B：わたしのために人々があなたがたをののしり、迫害し、ありもしないことで悪口を浴びせるとき、あなたがたは幸いです。

（注：⑧Bは⑧Aの詳説。）

Rejoice and be glad, because great is your reward in heaven, for in the same way they persecuted the prophets who were before you.

喜びなさい。大いに喜びなさい。天においてあなたがたの報いは大きいのですから。あなたがたより前にいた預言者たちを、人々は同じように迫害したのです。」

「山上の垂訓」
カール・ハインリッヒ・ブロッホ画

英語は JOB でも "仕事" じゃない

― 映画「ミッション：インポッシブル」―

英語で Job と言えば、まず「仕事」と思うだろう。パソコンでは、マシンが行う処理（仕事）の単位として、片仮名で「ジョブ」という。だが、この英語にはもう1つ意味がある。それは、人の名前で、旧約聖書の「ヨブ記」に出てくる主人公だが、この「ヨブ」が、英語では JOB なのだ。そしてこの「仕事」と「ヨブ」の違いが分からなくて、主人公が散々苦労するという映画があった。それが、あのトム・クルーズが謀報部員イーサンとして活躍する「ミッション：インポッシブル」シリーズの第１作だ。

彼は、重要リスト買収計画の "JOB(ジョブ) 3-14 作戦" の全貌を知ろうとするが、まったく手掛かりなし。ふと隠れ家の書棚にあったギデオン協会贈呈の聖書に目が行き、イーサンはハタと気がつく。なんと、彼が "任務" と思っていた JOB は、聖書「ヨブ記」の "ヨブ" だったのだ！作戦名とばかり思っていた 3-14 は、ヨブ記の 3 章 14 節。その聖句に作戦のカギがあったわけだ。

時には聖書の引用ミスもストーリーのネタに

― 映画「野郎どもと女たち」―

この映画は、日本では 1956 年公開の、懐かしのミュージカル映画。主演は、若き日のマーロン・ブランド（賭博師のスカイ）、ジーン・シモンズ（救世軍軍曹サラ。真

っ赤な軍服が似合う)、そしてフランク・シナトラ。この映画は、楽しいミュージカルに、なんと救世軍とギデオン聖書が出てくるという、この世の娯楽と信仰の世界が一つに溶け合い、聖と俗が手に手を取ったような映画だった。

　若き救世軍士官のサラは、夜ごとタイムズ・スクエアで野戦（路傍伝道）をするが、酒とギャンブルに明け暮れる街の人々は当然敬遠して近寄らない。そこへ彼女の美しさに一目ぼれしたスカイが現れ、「深夜集会に仲間の生粋の罪人（！）を 12 人以上連れてくるから、夜、俺と一緒に食事を」と持ちかける。その彼が、なんと、泊まり歩くホテルに置いてあるギデオン聖書の大ファンで「12 回は通読したから、聖書には強いんだ」と豪語する。

　彼女へのセリフの中にも聖句がポンポン出てき、果ては、彼女が作ったプラカードの聖句の出典ミスまで指摘するのだ！　「悪しき者には平安がない」。彼女は続けて"箴言"と書くのだが、スカイは、「いやそれは"イザヤ書"だ」と言って譲らない。どちらが正しいか、聖書を開いて決着をつけようというわけで、開いてみたら……なんと、聖書のプロのはずのサラが間違えて、遊び人ながらギデオン聖書オタクのスカイが正しく、イザヤ書 57 章 21 節だった。最後に 2 人が人々の祝福の中で結ばれるのは言うまでもないが、聖女と俗男の仲を取り持ったのは、やっぱり聖書だったという、クリスチャンにはうれしい映画だった。

映画で聖書出典当てクイズを！

― 「パウロ　愛と赦しの物語」 ―

「**パウロ
愛と赦しの物語**」
ブルーレイ&DVDセット
4,743円(税別)
発売・販売元：ソニー・ピク
チャーズ エンタテインメント
©2018 Tarsus LLC. All
Rights Reserved.

　これは、2018 年 11 月に公開された、この本の中ではかなり新しいキリスト教映画だ。キリスト教映画を良心的に劇場公開しているソニー・ピクチャーズの配給で、試写会で見た人たちからの口コミで評判が広がり、同社のヒット作「祈りのちから」以来の好成績を上げた。ジェイムズ・フォークナーが聖書からのイメージどおりのパウロを、また「パッション」でキリストを演じたジム・カヴィーゼルが、ローマの獄中のパウロからの口述筆記で「使徒の働き/使徒言行録」を著した医者ルカを熱演している。

　キリスト教映画なので当然なのだが、この映画には聖書のことばが多く引用されている。それが、実際に語られた状況のリアルな映像によって、強い力で心に響いてくる。この映画の脚本が実によく練られている、何よりの証拠だ。直接引用されていることばだけで、30 か所以上もあるのだが、1 つだけ挙げるとするなら、この映画の中心聖句とも言うべき「罪の増し加わるところに、恵みも満ちあふれました」(ローマ 5:20) だろう。後日 DVD でご覧になる方は、見ながら聖書のことばと思うセリフをメモして、その箇所を聖書から探し当てるといい。ちょっとした"聖書クイズ"が楽しめるとともに、聖書がより身近になること請け合いだ。

「エデンの東」

ブルーレイ¥2,381 +税
DVD ¥1,429 +税
ワーナー・ブラザース ホ
ームエンターテイメント
© 2020 Warner Bros.
Entertainment Inc. All
rights reserved.

名作は聖書語句が映画タイトルにもなる

―「エデンの東」―

　この映画は、彗星のごとく現れて消えたあの不世出のア
メリカ人青春スター、ジェイムズ・ディーンの代表作で、
ジョン・スタインベックの不朽の長編小説の中の一部を映
画化したものだ。厳格な父アダム (人類の祖アダムから)
に寵愛される双子の兄アロン (モーセの兄の名から) と、
必死に父の愛を求める弟キャル (カインの愛称) の葛藤の
中で、聖書のことばが幾つか語られるが、3つほど挙げて
みよう。

　①父が大切な氷を外に捨てたキャルの罪をいさめるため
引用したのが詩篇 32 篇 1-8 節。

　②ラスト近く、キャルに母が娼婦館にいることを知ら
され、絶望して戦地に発った兄を探す父に「僕は兄さんの
子守じゃない」と叫ぶキャルのセリフは創世記 4 章 9 節。

　③そのあと保安官サムがキャルに、「『カインは弟アベ
ルに襲いかかって殺した』(同 4:8)、『カインは主の前
から出て行って、エデンの東、ノデの地に住んだ』(同
4:16)、お前も去れ」と諭すのだ。これが映画とオリジナ
ル小説のタイトルになっている。

　この映画は、聖書の「愛と赦し」「善と悪」「律法と愛」
などのテーマを、深く掘り下げている。「名作」と言われ
るゆえんだ。これらのテーマについて、改めて考えながら
映画をじっくりと観るのも一興である。

エンドマークが「アーメン」の映画ってアリ？

―「野のユリ」―

「野のユリ」
DVD発売中
20世紀フォックス ホーム
エンターテイメント ジャパン
(C)2017 Metro-Goldwyn-
Mayer Studios Inc.
All Rights Reserved.
Distributed by Twentieth
Century Fox Home
Entertainment LLC.

1963年公開のこの映画は、アカデミー作品賞と、シドニー・ポワチエが主演男優賞を取ったモノクロの名作だ。

アメリカの荒野に教会を建てたいと願っていたドイツのカトリック修道女たちのところに、ある日、バプテスト信徒のアメリカ人青年ホーマーが立ち寄り、院長のマリアに捕まって、なんと教会を、3度の食事だけの"ただ働き"で建てさせられる羽目になる。でも彼は、神のために、教派を超えて共に汗を流す喜びを知り、最後は、さまざまな困難の末に完成した教会に満足しながら、一人立ち去っていくのだ。

マタイの福音書6章28節で、イエスは「野の花がどうして育つのか、よく考えなさい」と言ったが、英語の聖書では、この「花」がしばしば「lilies（ユリ）」と訳され、映画のタイトルも、ここから取られている。

なんと言ってもこの映画の"見どころ"ならぬ"聞きどころ"は、全編に流れるゴスペルの名曲「アーメン」だ。彼が修道女たちにこの歌を教える。彼はアメリカ英語式に「エイメン」と発音し、修道女たちはドイツ語式に「アーメン」と発音して譲らないところが笑いを誘うのだが、映画のラストも、この「アーメン」の最後のレッスンの中で終わる。そしてなんと、ホーマーが彼女たちの歌声を背に去りゆくエンドマークも、「The End」ではなく、映画史上唯一、「Amen」なのだ！ 「アーメン」とは、「まこと（真実）、そのとおり」という意味で、イエス・キリストご自身が「アーメンなるお方」と呼ばれるが、この歌は、いみじくも見る者の心に語りかけてくる。人間のいろいろな確

執を超えて、最後は"神にあってすべてが良きに働いてアーメンなのだ"と——。

映画によく出てくるゴスペル、ナンバーワンは？

—賛美歌「アメイジング・グレイス」—

　映画では、時として賛美歌やゴスペルが歌われる。映像翻訳者は、それらのキリスト教の歌も、少なくとも最初の数行ぐらいは訳さなければならない。そのためには、やはり正しいキリスト教と聖書の知識が求められる。なんとなれば、賛美歌やゴスペルは、"メロディーのついた聖書"だからだ。

　映画の中で、最もよく出てくる賛美歌・ゴスペルは何だろうと考えると、「Amazing Grace　アメイジング・グレイス」だろうと思う。この美しいメロディーは、今では一般の方々にもよく知られており、日本の賛美歌では、新聖歌233「驚くばかりの」、讃美歌第二編167「われをもすくいし」、讃美歌21・451「くすしきみ恵み」として載っている。

　1990年、ワーナー作品でマシュー・モディーン主演の「メンフィス・ベル」が公開された。第二次大戦中、敗色濃いドイツの工業都市、ドレスデンを空爆したイギリス航空隊の若者たちの物語で、タイトルは彼らの乗ったB-17爆撃機の中の一機の愛称である。冒頭の出撃シーンや、後半の山場のドレスデン空爆のシーンでもこの曲が流され、命がけの空の戦場に飛び立つ若者たちの姿と、神の驚くべき救いの恵みを歌ったこの曲が、一見ミスマッチのように思えながら、不思議に一つとなって、心に迫ってきたのを覚えている。

「メンフィス・ベル」
DVD ¥1,429 ＋税
ワーナー・ブラザース ホームエンターテイメント
© 2010 Warner Bros
Entertainment Inc. All
Rights Reserved.

「マーヴェリック」
ブルーレイ ¥2,381＋税
DVD ¥1,429 ＋税
ワーナー・ブラザース ホ
ームエンターテイメント
©1994 Warner Bros.
Entertainment Inc. and
Icon Distribution, Inc.
All rights reserved.

それから 4 年後の 1994 年、今度はリチャード・ドナー監督、メル・ギブソン、先頃他界したジェイムズ・ガーナー、ジョディ・フォスター主演の、コメディータッチの楽しい西部劇（と言ってもミシシッピの川下り船の中で、一獲千金をたくらむ賭博師たちのお話だが）「マーヴェリック」の中に、この歌が登場する。純粋な信仰を持つ、女性中心のクリスチャンの群れが登場して、彼らとのお近づきの印にメル・ギブソンがこの曲を歌うのだ。歌詞の訳出は、原則として英文台本に歌詞が書いてあれば、セリフの一部として翻訳者は訳出しなければならない。この映画では、歌詞 1 番の出だし 2 節が訳出箇所だったが、英語の賛美歌にも載っている原詩は、こうである。

♬　Amazing grace how sweet the sound
　　that saved a wretch like me…

私がクリスチャンであることを知っているこの映画の翻訳者は、大事を取って（?）、ここの翻訳を依頼してきたので、私はこう訳した。

♬　驚くべき恵み／たえなる調べよ
　　いやしき我を救う

このメロディーはほかにも、私の知る限り、次の映画で流れている。「歌え！ロレッタ　愛のために」（1980 年）、「アメイジング・グレイス」（2006 年）、「天国は、ほんとうにある」（2014 年）、そして邦画「親分はイエス様」（2001 年）でも！　これからも、いろいろな映画で、この名曲は歌い継がれるだろう。

8 聖書を知っていれば字幕がここまで変わる

　私が携わっていた外国映画の字幕翻訳の上で、あることばが聖書由来であることを伝えるためにどれだけ苦労したか、また翻訳者がそれを知らなかったために、時として誤訳をしたり、原意を充分に伝えなかったりして修正にどれほど苦労したかなどの話は枚挙にいとまがなく、「押さえておきたいキリスト教のことばのキモ」の中にも、そんなトピックが結構出てくる。ここでも、代表的なものを幾つか選んで紹介しておこう。

◆ Faith は "誠意" ではなく "信仰" です

―「燃えよドラゴン」―

　「キリスト教のことばのキモ」の「イエスが弟子を叱る決まり文句はこれ！」の中に出てくることばを紹介したが、これが、なんと、カンフー映画の代表作、ブルース・リーの「燃えよドラゴン」の中に出てくるのだ！

　ブルース・リー扮する少林寺拳法の達人リーに敵対するのが、かつて同じ門下生でトップを争った仲でありながら、心がよこしまで破門になり、世界征服をたくらむミスター・ハン。彼はひそかに築いた要塞基地で、世界じゅうから達人たちを集めて武術大会を開き、優秀な者たちを自分の腹心の部下にしようとして、最終まで勝ち残った者3人に、最後の肝試しをする。その1人が、リーの友人、ローパー。彼に対し、ミスター・ハンは、彼の愛猫である白猫をギロチンにかけ、その刃を落下させるひもを引っ張るようにけしかける。それが平然とできる非情な男こそ、自分の腹心にふさわしいというわけだ。

　その時の2人の会話の原語、翻訳者の原訳と私の修正訳がこれ。

「燃えよドラゴン 」

ブルーレイ ¥2,381＋税／DVDディ
レクターズカット特別版 ¥1,429 ＋税
ワーナー・ブラザース ホームエンタ
ーテイメント
© 2010 Warner Bros
Entertainment Inc. All Rights
Reserved.

(Mr. Han)An act of faith.

(原訳）誠意の問題だ

(小川訳）信じることだ

(注：そう言いながら、猫をギロチン台に載せる。）

(Roper) I'm a man of little faith, Mr. Han.

(原訳）そんなものはないね

(小川訳）至って不信仰でね

　この最後のローパーのセリフ、A man of little faith が、実はイエスによって弟子たちが「信仰の薄い者たちよ」といつも叱られていたことばなのだ。まさかのカンフー映画で、しかも一瞬のうちに終わるこの短いフレーズが、「あ、これはイエスの決まり文句だ！」と気づかなければ、これを正しく訳すことはできない。

　そもそも英語脚本には親切に聖書の出典が載っているものもあるが、すべてそうとは限らない。となると、聖書に由来があると気づくためには、まず最初にオリジナル英語版の映画を見た時に、「あ、このセリフは……」と耳で気づかなければならない。そのためには、日ごろから、英和対訳聖書でまず英語、次にその日本語を読んで、その聖句をできるだけ多く頭にインプットしておくことが絶対に必要なのだ。

　さて、この翻訳者は、このセリフの由来となっている聖書箇所を知らなかった。聖書を読んでいれば、このシーンが、イエスが山をも動かすような、信じて揺るがない信仰を求めた時と同じ状況であることに気づいたはず。すると、ミスター・ハンが、イエスの教えを曲解して「このひもを引いても、絶対に死なないと信じれば死ぬことはない」と無謀な蛮行を強く促し、ローパーのほうは、自分をイエスの弟子に見立てて、皮肉たっぷりに返してい

41

ることが分かるはず。

　仮にそれを知らなかったとしても、この状況を考えたら、faith は「信仰」か、少なくとも「信念」と訳すべきだった。それを「誠意」とやっては、もうほとんど誤訳で、まったく意味が通じなくなる。私は、これをストレートに「信仰」と訳すことによって、ミスター・ハンが何を求めているかを分からせ、かつ聖書由来であることを、クリスチャンはもちろん、そうでない人にも気づいていただけるようにしたのだった。

◆ Three Kings が「3人の王」では分からない

―「スリー・キングス」―

「スリー・キングス」
ブルーレイ ¥2,381＋税／DVD特
別版 ¥1,429＋税
ワーナー・ブラザース ホームエンタ
ーテイメント
© 1999 Village Roadshow Films
(BVI) Limited.

　「キリスト教のことばのキモ」の「キリスト降誕と言えば『三人の博士』だが？」で、映画「スリー・キングス」の話を紹介した。この映画の公開には、ちょっとした思い出話がある。

　新作映画を公開するときには、まず宣伝部にアメリカ本社からその映画に関わるいろいろな宣伝資料が送られてきて、それを日本語に翻訳して映画の宣伝がスタートし、そのあとに映画のプリント（フィルム）が送られてくる。私が働いていた製作部が字幕翻訳の作業に取りかかるのだが、この映画の時は、その宣伝部が音を上げた。この映画のタイトルの「スリー・キングス」の意味が分からないのである。話はあの 1991 年の湾岸戦争の時で、アメリカ、イギリスを主軸とする多国籍軍がサダム・フセインのイラクに攻め入った際に、敵イラクの金塊を押収したアメリカ軍の将校（ジョージ・クルーニー）が、一計を案じて、腹心の部下たちと共に、それをネコババしようとする話だった。そ

んな映画に、なぜ「スリー・キングス（3人の王）」などという
タイトルがついたのか？　どこに王が登場するのかと、宣伝部は
大いに慌てる。実はこのタイトルは、アメリカ軍将校たちが、暗
いテントの中で金塊奪取計画を立てている時に、自分たちのやろ
うとしていることを一人の部下がふざけて、なんとクリスマスの
賛美歌の一節をもじって口ずさんだ歌詞から取られているのだ！

　これでは宣伝部の皆さんにも分かるわけがない。そこで、"聖
書オタク"の私の出番となる。このタイトルのいわれを丁寧に説
明し、それが宣伝資料の一部として用いられることになった。

　さて今度は本命の字幕翻訳である。翻訳者は、セリフだけでは
なく、時には歌の歌詞も翻訳しなければならない。このタイトル
が出てくるクリスマス賛美歌は、「We Three Kings of Orient
Are」、日本語では「我らは来りぬ」で知られていて、まさしく
オリエンタルな短調の美しいメロディーの曲である。その出だ
しを、くだんの部下は、We three kings be stealing the gold
に変えてしまった。もちろん彼はこのクリスマス賛美歌の正しい
歌詞を知っていたが、百万長者になることを想像して心はウキウ
キ、思わずそれを「俺たちは、あの聖書の博士たちとは違って、
これから金を盗もうとしてんだぜ！」に変えてしまったというわ
けだ。この歌詞を、この映画の翻訳者○氏はこう訳した。

　「3人の王が金塊を盗む」

　正確無比で字数も許容内、普通なら何の問題もない翻訳なのだ
が、字幕を通して正しいキリスト教・聖書を伝えることを"ミッ
ション：ポッシブル"にしていた私には、それではちょっと困る
のだ。これでは、この歌が聖書由来で、それをもじっていると
うおもしろみがまったく伝わらない。キリスト教・聖書に弱い日
本人でも、小さい頃教会学校に通っていた人なら、世界で初めて
のクリスマス、あの三人の賢者たちが、星を頼りにはるばる旅を
して、家畜小屋に生まれたみどりごイエスを見つけ、黄金、乳香、

<ruby>没薬<rt>もつやく</rt></ruby>をささげた話を覚えている人は少なくない。観客の大多数には分からないとしても、せめてそんな思い出を持つ人々には、これがその話なのだということを分かってほしい。そこで私の徹底したこだわり修正が始まった（もちろん翻訳者にもきちんと説明したうえでの話である）。アンダーライン部分が修正箇所だ。まず始まりはこう。

① 3 人の<u>博士</u>が金塊を盗む

これが聖書の話（マタイ 2:1-12）と分かるよう、「王」を「博士」に変更。でもすぐ次の直しが必要だと分かった。それがこれ。

② 3 人の<u>賢者</u>が金塊を盗む

ヴァン・ダイクの物語では「博士」で知られているが、日本人は「博士」と聞くとまず医師・ドクターと取るので「賢者」に。でもまだ不満足。3 回目の修正はこれ。

③ <u>3 人の賢者</u>（スリーキングス）が金塊を盗む

この映画のタイトルはここから来ていることを示すため、タイトルをルビに。これはいわゆる当てルビ（漢字の読みでなく、意図的に別の読みを当てる）で、このルビも準本文として文字数の中に入るので、充分な時間的余裕がないとできない。しかし最後の「盗む」が、このままではもじリのおもしろさが分からない。聖書オタクはまた頭をひねって、次に修正したのはここ。

④ 3 人の賢者（スリーキングス）が金塊を<u>盗む</u>

聖書の賢者が「ささげた」ことの逆を示唆する傍点を付けた。傍点には、観客の注意を促し、言外の含意があることを知らせる効果がある。これでかなり完成に近づいた。だが待てよ、これでは聖書の記述と少し違う。そこで次はここを。

⑤3人の賢者が黄金を盗む
<small>スリーキングス</small>

　問題は原語の gold の訳だ。この将校たちにはまさしく「金塊」でも、上記の聖書記事では、「黄金」である。それに合わせねば。これでほぼいいだろう。ではこれで行くか？　待て。この修正の目的は、この歌詞が聖書由来であることを示すことだ。すると、アラビア数字ではマズい。これだと状況で4人にも5人にもなりうるので、この賢者がある特別の人々であることを伝えるには難がある。そこで、ダメ押しである。

⑥三人の賢者が黄金を盗む
<small>スリーキングス</small>

　聖書由来の固有名詞として、漢数字に修正。

　かくしてこのたった1行の歌詞は、6回の修正を経て、最終字幕として観客に読んでもらうことになった。

　1本の外国映画に字幕を付けて、お客様に理解され、楽しんでいただけるようにするまでには、舞台裏では、時としてこのような地道な努力がなされている。それができるのも、聖書を知っていればこそだ。活字文書でも、映画の字幕でも、英語を訳すのには聖書・キリスト教の知識がマストであることが、少しは分かっていただけたろうか。

◆ 知って観ればクスッと笑える

―「ニューヨーク 眺めのいい部屋売ります」―

　聖書知識があるのとないのとでは大違いというのは、訳者の立場だけではなく、観客の立場でも言えることだ。

　これもまた例を挙げればきりがないが、「ニューヨーク 眺めのいい部屋売ります」という映画から、そんな場面をご説明してみよう。

**「ニューヨーク 眺めのいい部屋
売ります」**

発売元：「ニューヨーク 眺めのいい部
屋売ります」パートナーズ
販売元：ポニーキャニオン
価格：DVD ¥3,800(本体)＋税、
Blu-ray ¥4,700(本体)＋税
(c)2014 Life Itself,LLC All Rights
Reserved.

　熟年夫婦のアレックスとルースは、ブルックリンを一望できるアパートをとても気に入っていたが、１つだけ困ったことがあった。それは、このアパートにエレベーターがないことだ。

　自分たちも愛犬も年を重ね、階段がつらくなってきたところで、夫婦はこの部屋を売りに出すことにし、オープンハウスをする。

　すると、買う気のある人からない人まで、さまざまな見学者が訪れ、好き勝手なことを言ったりやったりすることにすっかり辟易したアレックスが「That was worse than I thought it was going to be.You ought to make it one of the 10plagues.First,Locusts,then house hunters」とぼやく。

　直訳すれば「想像以上のひどさだ。これは 10 の災害に入れるべきだ。まずはイナゴ、次に、家をあさる人々」となるが、聖書の知識がなかったら、まるでちんぷんかんぷんのセリフではなかろうか。

　字幕では、「想像以上のひどさだ。聖書の『十の災い』に入れてもいい」と、「聖書の」ということばが補われている。

　この 10plagues が、普通の 10 個の災害ではなく、旧約聖書の出エジプト記７章に出てくる「神の下した十の災い」であることは、欧米人にとっては常識である。教会学校に通えば必ず習う話で、子どもでも知っている。

　このストーリー自体が「十戒」や「プリンス・オブ・エジプト」という映画になっているので、日本人でも「聖書の『十の災い』」と言われれば、あれのことか、と分かる方も多いかもしれない。

　エジプトから奴隷にされていたイスラエル人を連れ出そうとしたモーセの前に立ちはだかるエジプト王に、神が下した十の災い

のことである。

　ちなみに、字数の関係で訳されていない「まずはイナゴ」の部分だが、実際には、イナゴの襲来は8番めの災いで、アレックスが適当なことを言っているのが分かると、ここもまたクスッと笑えるポイントである。

◆旧約聖書の引用は翻訳者泣かせ

―「ディープ・ブルー」―

　聖書が由来であることを端的にしかも瞬間に分からせるには、前述のように「聖書の」の3文字を補うのがいちばんだ。これを「補訳」という。もちろんこれは、原文にはないことばだから、許容字数にも余裕がなければできないテクニックだが、必要ならほかの部分を言い換え・凝縮・省略などで縮めてでも、これを入れねばならないときがある。私も一度、1999年公開の「ディープ・ブルー」という、「ジョーズ」の姉妹編のような、海洋生物パニック映画でこれをやった。

　サメの脳から新薬を作ろうとした女性博士が、成功を焦ってサメのDNAを操作した結果、巨大かつ獰猛化したサメが人間に襲いかかるという、行き過ぎた生命科学への警鐘も込めた映画だったが、こんなシーンが出てきた。主人公のプリーチャー（意味は"伝道者"）がサメの襲撃を避けて逃げ込んだ大型のオーブンの分厚いガラスを、今や狂暴化したサメが直撃してひびが入る。あと何回かやられたら、敵はオーブンの中に入ってくるだろう。彼はとっさに判断し、オノを振るって、オーブンの天井を破り、危機一髪で脱出しながらこんなセリフを吐き出す。

　「I am not Daniel when he faced the lion!」

　直訳「俺はライオンと対面した時のダニエルじゃない！」

　これは、クリスチャンならよくご存じの、教会学校でもよく聞

く物語で、旧約聖書「ダニエル書」の6章に出てくるが、大多数の日本人観客には、まるでちんぷんかんぷんだ。さあどうする？

　この映画の翻訳者はベテランのKさんで、このセリフを制限字数15字ぎりぎりで、このように訳された。

　「俺"ライオンとダニエル"じゃないぞ」

　翻訳としては、よくこの字数に収めて、まったく問題ないのだが、一瞬にはまず分からない。今の観客なら、ヘタをすると「ライオンと魔女」の続編か、と思いかねない。そこで字幕伝道のミッションを帯びた私が、一生懸命考えて、こうさせていただいた。

　「聖書の"獅子の穴のダニエル"かよ」（14字）

　どうだろう、"聖書の"の3字の補いが、魔法のような力を持っていることを、納得していただけただろうか。

◆キリストのことばはハイテク時代にも生きてる！

― 映画「A.I.」 ―

「A.I.」
ブルーレイ ¥2,381＋税
DVD ¥1,429 ＋税
ワーナー・ブラザース ホームエンターテイメント

　昨今のロボット技術は目覚ましい。

　A.I.（Artificial Intelligence）＝人工知能がどんどん進化しているからだ。この映画は2001年、かれこれ20年近くも前に作られたのに、さらに進化して人間の感情を持ってしまうA.I.の少年が主人公だから、さすがスピルバーグ、未来を数歩も先取りしていた。

　この中で、ジョンソン卿が見物人にこう叫ぶシーンがある。

　「Let he, who is without Sim, cast the first stone.」

　Sim は Simulator 実験装置の略で、翻訳者の訳は「メカを必要とせぬ者よ、石を取り彼を打て」という直訳調だ

った。翻訳的には何の問題もないが、聖書やキリスト教にあまり縁のない日本人観客の多くは、「この近未来の世界で、『石を投げる』って何？」といぶかること必定だ。

　実はこの出典は、新約聖書のヨハネの福音書8章7節の次のことばなのだ。「あなたがたの中で罪のない者が、まずこの人に石を投げなさい。」

　これは、自分の罪を尻目に、姦淫（かんいん）の女をとがめる人々への、キリストの怒りと叱責のことばで、映画のセリフの Sim（実験装置）は Sin(罪) のもじりなのだ。このような場合、翻訳者は、その場面で話している意味を重視した直訳にすべきか、聖書が出どころであることが分かる準聖書訳にすべきかの二者択一に悩むことになる。私は翻訳者に代わって（！）悩んだ末、この映画の脚本家の聖書引用の意図を生かし、あえて「罪のない者が最初に彼女に石を投げよ」と直した。これだと、逆に観客は、なぜこんな〝場違いな〟セリフを言うのか思うだろうが、これが聖書（らしきことば？）の引用だということは、まず 100 パーセント分かる。

また映画の前後の文脈から、この叱責の意味するところも推測できる。かくしてキリストのことばは、ハイテク最先端の近未来にも生き残ったのだ！

◆聖書劇のセリフは、聖書そのものの証し

― 映画 「ベン・ハー」 ―

　1959 年公開のこの映画は、ルー・ウォーレス将軍が書いた小説の 3 度めの映画化で、監督ウィリアム・ワイラー、主演チャールトン・ヘストン、アカデミー賞最多の 11 部門で受賞したキリスト教史劇の名作だ。この MGM 社作品を、ビデオはワーナーが再発売することになり、私が 1,000 枚以上の字幕をすべてチェックした。

「ベン・ハー」
製作50周年記念リマスター版(2枚組)ブルーレイ ¥2,381＋税／特別版DVD ¥1,429＋税
ワーナー・ブラザース ホームエンターテイメント
© 2012 Warner Bros Entertainment Inc. All Rights Reserved.

　この映画は、あのヘンリー・ヴァン・ダイクの『もう一人の博士』にも登場する東方の三賢者の１人、バルタザールのナレーションで物語が進行するが、その彼が最後のほうで、ベン・ハーにこう言う。「He has taken the world of our sins unto Himself.」直訳すると、「彼（イエス・キリスト）は、私たちの罪の世をご自身の中に取られた」。原翻訳者の訳は「皆の罪を持って行ってくださるのだ」だったが、これはキリスト教の教義の核を成す大切なセリフだ。原訳は、キリストが十字架で成し遂げられた罪のあがないのわざを、「持って行く」というあいまいな表現で、しかもまだ終わっていない進行形で訳されている。私は、原意にそって正しく「皆の罪を背負ってくださったのだ」に直した。

　もう一つ。映画の最後にベン・ハーが、恋人のエスターにこう言う。「I felt His voice takes the sword out of my hand.」直訳すると、「彼（イエス）の声が、私の手から剣を取り上げるのを感じた」で、元の字幕訳は「恨みも拭い去られてしまったよ」だった。このように、字義どおりでなく、言わんとする意味を生かした訳を"意訳"という。その点は原訳でもいいが、あの十字架のキリストの流された血潮が地面に滴り落ちてたまり、雨に混じって流れていき、それに触れた難病の母と妹を癒やし、さらに全世界に流れていくことを象徴するラストシーンを見た私には、イマイチ不満だった。ここも私は「憎しみも洗い流されてしまったよ」に変えた。"十字架の血潮は、すべての罪を洗い清める"──このイメージを、映像とことばによって観る人に伝えるのも、字幕翻訳者の務めなのだ。

◆我が字幕翻訳生涯、最高の１本！

― 映画「偉大な生涯の物語」―

　私の 46 年半にわたるワーナー映画人生で、最も思い出に残る映画は、ビデオ発売の際に私が字幕翻訳したこの作品である。

　この作品は、イエス・キリストの生涯を、聖書に忠実に描いたもので、数あるキリスト教映画の中でも、今やクラシックの名作の１つに挙げることができるだろう。巨匠ジョージ・スティーヴンスが製作・脚本・監督、音楽はアルフレッド・ニューマン、スウェーデン出身のマックス・フォン・シドーがあの悲しみをたたえた彫りの深い顔でキリストを演じ、チャールトン・ヘストンがバプテスマのヨハネ、ジョン・ウェインが十字架のキリストの死を見届けて信仰告白をしたあのローマの百人隊長で特別出演、シドニー・ポワチエがクレネ人シモン、デイヴィッド・マッカラムがイスカリオテのユダ、ドロシー・マッガイアがイエスの母マリア、復活の墓に現れた天使がパット・ブーンというそうそうたる俳優陣で、1965 年に、70 ミリで全世界に公開された。上映時間は３時間 20 分、普通の映画の２本分で、間にインターミッション (休憩) が入り、第１部の最後はラザロのよみがえり、第２部のラストはキリストの昇天で、そのいずれにも、アルフレッド・ニューマンは、ヘンデルの「メサイア」からハレルヤ・コーラスを用いた。

　この映画の脚本のすばらしいところは、聖書の四福音書から、イエスや弟子たちのことばをふんだんに取り入れて、しかもそれを自由に脚色していることだ。従って、「初めにことばがあった」(ヨハネ 1:1) に始まり、「見よ。わたしは世の終わりまで、いつもあなたがたとともにいます」(マタイ 28:20) で終わるこの映画は、３時間 20 分の全編これ、まるで自由に編集された聖書をビジュアルで読んでいるようだ。当時は今のようなインターネッ

トも聖書ソフトもない時代で、これらを訳すには、私の頭の中にインプットされた聖書知識だけが頼りだった。

　そんな中で、私が留意したのは、聖書のことばの意味を、聖書知識のほとんどない日本の観客にできるだけ理解してもらうことだった。以下に、そのほんの数例を挙げておこう。

＊「**ホザナ**」（マタイ 21:9　エルサレム入城シーンで群衆が歓呼する声）

⇒「**ホザナ　救って下さい**」（字数が増えるのを承知で、意味を補訳した。）

＊「**今、人の子は栄光を受けた**」（ヨハネ 13:31）。「人の子」とは、天の神の御子としての栄光を捨てて、人間としてこの世に来られたキリストが、へりくだって、ご自身を人間と同じように見なして呼ばれた自称。だがこのままでは分からないので、こう訳した。

⇒「**人の子としての私は／今まさに栄光を受けた**」

＊いわゆる"当てルビ"を使用し、ルビに聖書の呼び方を出し、本文で意味を解説するという手法も用いた。これも、文字数が増えても理解を重視した結果だ。

「**救世主<ruby>予言<rt>メシア</rt></ruby>**」

「**<ruby>油注がれた者<rt>キリスト</rt></ruby>**」

　このように、外国の映画のセリフには、随所にキリスト教・聖書のことばが登場する。翻訳者は、いろいろな知恵を絞って、それを間違いなく、また正しく伝えるため、舞台裏で苦労している。その一端を知って映画を見ると、また興味も増してくるのではないだろうか。

9 文学・絵画とも、切っても切れない聖書

　私は映画会社で翻訳の仕事に長年携わってきた経験から、欧米の映画の字幕翻訳に聖書の知識は必須であることを知った。あちらでは常識として通っている聖書のことばを知らずに訳そうとすると、意味がまったく分からなかったり、誤訳をしてしまったりするのだ。

　それは、映画に限ったことではない。欧米の文学や絵画にももちろん、聖書からの色濃い影響がある。例として、そのごく一部を紹介してみよう。

文学 ||||||||||||||||||||||||||||||||||||||||||||||||

トム・ソーヤーの冒険

　日本ではアニメにもなって人気を博した児童文学の古典ともいうべき『トム・ソーヤーの冒険』にも、聖書のことば、教訓は当たり前のように出てくる。トムを含め、登場人物のほとんどすべての人にとって、日曜日に教会に行くことは生活の一部として当然のことだったし、孤児であるトムを育てているポリーおばさんは、ことあるごとに聖書を引き合いに出すようなキャラクターなのだ。そのような箇所を幾つか拾ってみよう。

「まずはお祈りから始まるが、それは聖書からの引用文というしっかりした土台の上に、自分の考えたことばをわずかに継ぎたしたものだった。その積み重ねたものの上から、おばさんは、まるでシナイ山でのモーセのように、十戒の厳しい文章を読んで聞かせるのだった」

<原文>

It began with a prayer built from ground up of solid courses of scriptural quotations wedded together with a thin mortar of originality; and from the summit of this she delivered a grim chapter of the Mosaic Law, as from Sinai.

5章でも説明したとおり、十戒とは、神がイスラエル民族に与えた十の戒め。イスラエルがエジプトで奴隷にされていた時、モーセが神の命令でイスラエルを「約束の地」に導き、その後、モーセを通してシナイ山で与えられたもの。ここでは十戒のことを Mosaic Law と表現しているが、ふつうは The Ten Commandments ということのほうが多い。

☺

「……さて、きみなら十二弟子の名前を全部知っているに違いないね。最初に弟子になった二人の名前を言ってみてくれるかい？」……「ダビデとゴリヤテ！」

<原文>

"……Now no doubt you know the names of all the twelve disciples. Won't you tell us the names of the first two that were appointed?"

"DAVID AND GOLIATH!"

これは、聖書を知っている人なら思わず笑ってしまう箇所。日曜学校（教会で、子どもたちが聖書を学ぶクラス）で、聖書を暗唱したらもらえる札をズルをして集め、表彰されることになったトムは、表彰式のゲストである判事さんからこの質問を受ける。十二弟子とは、イエス・キリストが公の活動を始めるにあたって選出した弟子たちのことで、新約聖書の福音書に、その言動が記されている。

ところが、本当は聖書などほとんど読んだことがなかったトムは、こ

の質問に答えられない。唯一頭に浮かんだ「二人組」の名前が「ダビデとゴリヤテ」だったのだろう。ダビデは、イエス・キリストが地上に生まれる約千年も前にイスラエルの王となった人物で、そのきっかけは、まだ少年だったダビデが、敵国ペリシテの巨人、ゴリヤテを羊飼いが使う投石器と石だけで倒したことだった。小柄な少年が、巨人ゴリヤテを倒した話はあまりにも有名で、トム・ソーヤーでさえ、その名前だけは覚えていたという話。

☺

「牧師さんが、世界じゅうのものが集う千年王国の壮大で感動的な光景を描いてみせたからなのだが、その時、ライオンと子羊は共に伏し、小さな子どもがそれを導く、ということだった」

＜原文＞

The minister made a grand and moving picture of the assembling together of the world's hosts at the millennium when the lion and the lamb should lie down together and a little child should lead them.

いつもは礼拝中に退屈ばかりしているトム・ソーヤーが、珍しく牧師の話に興味を覚え、自分がその話に登場する「小さい子」だったらいいのに、と思い描くシーン。これはイザヤ書11章の「狼は子羊とともに宿り、豹は子やぎとともに伏し、子牛、若獅子、肥えた家畜がともにいて、小さな子どもがこれを追って行く」（6節）という箇所からの説教だったと思われる。

最初にアダムとエバが創造され、そこで暮らすようにと置かれたエデンの園はちょうどこんな感じだったかもしれない。しかし、アダムとエバが神に背いたために人類とこの世界には罪が入り込み、自然界にもさまざまなひずみ、ほころびが生まれた。

キリストの十字架という犠牲によってそのすべての罪が帳消しにされ、損なわれた世界が新しく生まれ変わった時の描写がこの箇所なのである。その時には、弱肉強食という今の自然界の掟も存在せず、人間が動物を虐待することも、動物が人間を襲うことも害することもないと、聖書は教えているのだ。

☺

「主は与え、主は取られる。主の御名はほむべきかな。ああ、でもそれはあまりにもつらいことです。つらすぎますわ！」

<原文>

The Lord giveth, and the Lord taketh away. Blessed be the name of the Lord! But it's so hard—oh, it's so hard!

トムとトムの友人ジョーたちが行方不明になって死んでしまったと思われていた時の、ジョーの母親のことば。これは、旧約聖書のヨブ記に出てくる非常に有名なことばである。清廉潔白なことで有名だったヨブは、物質的にも家族にも非常に恵まれた人だったが、それらを失えば神を呪うだろうと主張する悪魔の手によって子どもたちと財産をいっぺんに失う。その時にヨブの口から出たのが「私は裸で母の胎から出て来た。また裸でかしこに帰ろう。主は与え、主は取られる。主の御名はほむべきかな」（ヨブ1：21）ということばだった。

赤毛のアン

こちらも、アニメにもなり、映画にもなった作品で、根強いファンが多い。原作の本は全11巻のシリーズである。著者のルーシー・モンゴメリは牧師夫人だったし、作品中でも、アンのあこがれの女性として牧師夫人が登場することから、このシリーズにはキリスト教にまつわる記述が決して少なくない。ここでは、第一巻の『赤毛のアン』から幾つか、そういう箇所を紹介する。

孤児院から子どもを引き取ることにしたというマリラに向かって、友人のレイチェル・リンド夫人は「素性の知れない子どもを引き取るなんてばかげている」とさんざんケチをつけたあと、「もしあんたが、これについてわたしの意見をききなすったのなら……わたしは後生だからそんなことはやめてと言っただろうにね、まったくのところ」(『赤毛のアン』村岡花子訳、新潮社)と、締めくくる。

これに対してマリラは「この慰めるのか、がっかりさせるのかわからない文句」を聞いても動揺しなかった、と記されているが、原書で読むと「この慰めるのか、がっかりさせるのかわからない文句」は"This Job's comforting"となっている。直訳すると「ヨブの慰め」となるが、ほとんどの日本人読者は「マリラはヨブの慰めを聞いても動揺しなかった」と言っても何のことやらちんぷんかんぷんなので訳者はこのように意訳したのだろう。

聖書を知っている人であれば、この箇所が旧約聖書の「ヨブ記」を使ったしゃれた表現であることがすぐに分かる(Job が日本語の聖書の表記ではヨブになることは、7 章でも触れた)。本書の「聖書から出た IDIOM45」にも、Job's comforter という表現が収められているので、解説はそちらを参照されたい(84 ページ)。この IDIOM の実践的な使い方と、それを上手に訳した例がこれ、と言えるだろう。

人づき合いが苦手で、中でも少女たちに対してはほとんど恐怖のようなものを抱いているマシュウが、男の子を引き取るつもりだったのに間違えてやってきてしまった女の子(アン)に初めて話しかけるシーンで、「哀れなマシュウは、彼にとっては獅子の洞穴へはいって行くよりもつらいこと——すなわち女の子のところへ……歩いて行って」(前掲書)という表現がある。原書では"Harder for him than bearding a lion in its den"となっており、直訳するなら「彼にとってはライオンの巣の中でライオンのひげをつかむことより難しい」。

"bearding a lion in its den"は「捨て身の覚悟で立ち向かう」とか「(虎児を得るために)虎穴に入

る」という意味の慣用句だが、これに類する慣用句に "Daniel in the lion's den"（極めて危険な状態）というものがある。字幕翻訳の実例でも紹介し（47〜48ページ）、「聖書から出た IDIOM45」にも収録してあるので（91ページ）参照して確認してほしい。

　男の子をもらうつもりだったマリラとマシュウのもとに女の子のアンがやって来たために一悶着あったが、二人はアンを引き取ることに決める。早速アンの教育に取りかかったマリラは、まず「主の祈り」を暗唱させようとする。アンは「あたしこれ好きだわ……とても美しいんですもの……『天にましますわれらの父よ、御名をあがめさせたまえ』まるで音楽みたいだわ。あたしにこれを覚えさせようとしてくださってほんとうにうれしいわ」（前掲書）とこの宿題を歓迎した。
　「主の祈り」とは、イエス・キリストが弟子たちに「このように祈りなさい」と教えた祈りのことで、今日でも多くの教会で礼拝の際に会衆が一緒に祈る祈りである。アンが音楽のようだと表現した美しい祈りを、英語と日本語で味わってみよう。

Our Father, who art in heaven,
Hallowed be thy name,
Thy kingdom come,
Thy will be done,
On earth as it is in heaven.

Give us this day our daily bread.
And forgive us our trespasses,
As we forgive those
Who trespass against us.

And lead us not into temptation,
But deliver us from evil.

For thine is the kingdom,
And the power, and the glory,
For ever and ever. Amen.

天にまします我らの父よ
願わくは　御名をあがめさせたまえ
御国（みくに）を来（きた）らせたまえ
御心（みこころ）の天になるごとく
地にもなさせたまえ

我らの日用の糧を今日も与えたまえ
我らに罪を犯す者を
我らが赦すごとく
我らの罪をも赦したまえ

我らを試みにあわせず
悪より救い出したまえ

国と力と栄えとは
限りなく汝のものなればなり
アーメン

ある時、アンとマリラの間に不幸な誤解が生じる。マリラのブローチがなくなってしまい、いろいろな状況からマリラはアンがとったのではないかと疑わざるを得なかったのだが、実際にはぬれぎぬだった。

その誤解が解ける前に、マリラが、アンを引き取ったことを後悔すまいとして、「やりだした以上すんだことのぐちなどはこぼすまい」と独り言を言うシーンがある。

この箇所の原文は "I've put my hand to the plow and I won't look back" で、直訳すると「私はもう鋤に手をかけたのだから後ろは振り向かない」である。これは、イエスの弟子になってついて行こうとしつつ、それまでの生活を捨てることにふんぎりのつかなかった人に対してイエスが言った「鋤に手をかけてからうしろを見る者はだれも、神の国にふさわしくありません」（ルカ 9:62）ということばを念頭に置いたものである。マリラのように、キリスト教国の「常識人」たちが、聖書のことばに親しみ、それを格言のようにして日常生活の中でも使っていたことがうかがえるシーンと言える。

||||||||||||||||||||||||||||||||||||||||||||||||||||||||||||||

　歴代の西洋の画家にとって、キリストの生涯は非常に大きなテーマであり、多くの画家が繰り返し同じ主題で描いた名画がたくさんある。そのタイトルには、日常使うことの少ない単語が多用されているが、その意味が分かれば、これからの美術鑑賞も一段と興味あるものになるだろう。

　本書では、絵画のタイトルに多用されるキリストの生涯にまつわるテーマを、◆幼年時代、◆公生涯、◆受難、◆復活の４つの段階に分けてまとめてみた。

◆幼年時代

★キリスト降誕
The Nativity: Birth of Jesus

　キリストが誕生した時代、ユダヤを支配していたローマ帝国による人口調査のため、ヨセフはイエスをみごもった婚約者マリアを伴い、故郷・ベツレヘムに向かった。同じ目的で旅をする人々が大勢いたため宿屋は満杯で、マリアは、ようやくあてがわれた家畜小屋で男の子を出産し、天使に告げられたとおり、イエスと名づけた。

★羊飼いたちの礼拝
Adoration of the Shepherds

「受胎告知」　エル・グレコ

　イエスの誕生を最初に知らされたのは、貧しい羊飼いたちだった。野原で羊の番をしていた彼らのもとに、空を埋めつくすほどの天使たちが現れ、救い主の誕生を告げたのだ。羊飼いたちは急いでベツレヘムに向

かい、マリアとヨセフの傍らで眠る
イエスを見つけ、礼拝する。

★東方三博士（マギ）の礼拝
The Adoration of the Magi
(Kings, Wise Men)

　東方の博士たちは、救い主の誕生
を告げる星を見つけ、その星に導か
れてベツレヘムまでたどり着き、イ
エスを礼拝する。その旅の途中、彼
らはヘロデ王に呼び止められ、救い
主の居場所が分かったら教えるよう
にと言われるが、イエスに出会った
あと、ヘロデ王の元に戻るなと夢の
中で戒めを受けたので、そのまま帰
国した。

「エジプトへの逃避」(「聖母の7つの悲しみ」より)
アルブレヒト・デューラー

★<ruby>嬰児<rt>みどりご</rt></ruby>虐殺
Massacre of the Innocents

　ユダヤの王ヘロデは、聖書で預言
されている救い主が、自分の王座を
奪う者になるのではないかと恐れて
いた。そこで東方の博士たちを利用
してその幼子を殺そうとしていた
が、博士たちはヘロデの言うことに
従わなかったので、ベツレヘムに住
む2歳以下の男児を皆殺しにする
という暴挙に出た。

★エジプトへの逃避
The Flight into Egypt

　ヘロデがイエスを殺そうとしてい
たため、天使がヨセフの夢に現れて、
しばらくの間エジプトに逃げるよう
にと告げる。ヨセフはそのことばに
従い、マリアとイエスを連れてエジ
プトに逃れた。

★博士たちとの論議
Christ among the Doctors

　イエスの両親は毎年過越の祭りの
ためにエルサレムに行っていたが、

イエスが12歳の年、祭りからの帰り道、彼がいなくなっていることに気づいた。イエスを探しながらエルサレムまで戻ると、彼は宮で学者たちと対等に議論をしていた。両親は驚いてとがめるが、イエスは「わたしが自分の父の家にいるのは当然であることを、ご存じなかったのですか」と答える。

◆公生涯

★キリストの洗礼
Baptism of Christ

公の生涯に入る前に、イエスはバプテスマのヨハネから洗礼を受ける。自分にはそんなことをする価値はないと恐れるヨハネに、イエスは、これは正しいことだから、今はそうさせてもらいたいと告げる。洗礼を受けて水から上がったイエスの上に、御霊が鳩のように下った。

★荒野の誘惑
The Temptation

イエスは荒野で40日間、悪魔からの誘惑を受ける。悪魔は聖書を故意に曲解しながら「石をパンに変えてみろ」、「神殿から飛び降りてみろ」

「荒野の誘惑」　ポール・ギュスターヴ・ドレ

と挑むが、イエスが聖書からの正しい答えをもって応じると、さらに「自分を拝むなら、すべての国を与える」と聖書をかなぐり捨てた誘惑をしてくる。イエスはこれにも聖書から答え、悪魔を退散させた。

★カナの婚宴
Marriage at Cana

公の生涯に入ったイエスは、初めての奇跡として、母マリアと共に招かれた結婚式で、水をぶどう酒に変える。

★キリストの変容
Transfiguration

十二弟子の中からペテロ、ヤコブ、ヨハネの3人だけを連れて山に登ったイエスは、そこで光り輝く姿に変容し、旧約時代の預言者モーセとエリヤと共に語り合った。

★ラザロの蘇生<ruby>蘇生<rt>そ せい</rt></ruby>
Raising of Lazarus

イエスの親しい友であったベタニア村のマルタとマリアの兄弟ラザロが病気で死んだ時、イエスは「わたしはよみがえりです。いのちです。わたしを信じる者は死んでも生きるのです」と言って、死後4日たっていたラザロをよみがえらせた。

◆受　難

★エルサレム入城
Entry into Jerusalem

イエスが十字架上の死を遂げ、3日後によみがえったのは日曜日だったが、その1週間前の日曜日が、このエルサレムに入城した日曜日である。この時、人々が棕櫚<rt>しゅ ろ</rt>の葉などを道に敷いて歓迎したため、英語ではこの日のことを Palm（棕櫚）Sunday という。

★神殿から商人を追い払うキリスト
Expulsion of the Money-changers from the Temple

エルサレム神殿には、ささげもの

「エルサレム入城」　エンリケ・シモネ

63

にする鳩や羊、牛を売って金儲けをする者たちが大勢いた。イエスは、祈りの家が強盗の巣窟にされていると怒り、縄でむちを作って商人たちを追い出した。イエスのこの行為は「宮きよめ」と言われる。

★弟子たちの足を洗うキリスト
Washing of Feet

最後の晩餐となる過越の祭りの夕食を始める前に、イエスは弟子たちの足を洗った。通常は召使いがするべき仕事だったので、弟子たちは驚き畏れるが、イエスは、弟子たちの間でも互いに足を洗い合うような関係になるようにと教える。

★ユダの裏切り
Betrayal（Judas Receiving Payment for his Betrayal）

十二弟子の一人であるユダは、イエスを殺そうとしていた祭司長・律法学者たちに、銀貨30枚と引き換えにイエスを売り渡した。

★最後の晩餐
Last Supper

過越の祭りの食事は、イエスが十字架につく前の最後の食事となった。イエスはこの時、弟子たちにパンとぶどう酒を与え、パンは自分の体であり、ぶどう酒は人々の罪の赦しのために流される自分の血であると言う。この夜のことを記念して、キリスト教会では聖餐式を行う。

「最後の晩餐」 レオナルド・ダ・ヴィンチ

★オリーブ山での祈り
Gethsemane

　十字架を目前にしたイエスは、弟子たちを連れてオリーブ山のゲツセマネの園というところに行き、血のような汗を流して祈る。それは、十字架という苦い杯を除いてほしいが、自分の願いどおりではなく父なる神の御心どおりになるように、という祈りだった。弟子たちはその間、少し離れたところで眠ってしまっていた。

「ユダの裏切り（ユダの接吻）」
ジョット・ディ・ボンドーネ

★キリストの捕縛
The Arrest of Christ
あるいは
Kiss of Judas

　ユダの手引きによって、武装した兵士たちがイエスを捕らえようとやってきた。しかし、イエスはまったくの無抵抗だった。このとき、ユダが「私が口づけする者がイエスだ」と兵士たちと示し合わせ、そのとおりにしてイエスを指し示したので、この場面は「ユダの接吻」とも呼ばれる。

★カルバリへの道（十字架を担うキリスト）
Road to Calvary　(Christ Bearing the Cross)

　イエスは、自分がかかる十字架を背負わされ、刑場であるゴルゴタの道を歩かされた。しかし、途中で力尽きたため、クレネ人のシモンという男が、代わりに十字架を運ばされる。

★キリストの磔刑
Crucifixion

　イエスはゴルゴタの丘で、二人の強盗と共に十字架につけられた。イエスが息絶えると、神殿の幕が上から下まで真っ二つに裂けた。

★十字架降架
Descent from the Cross

　十字架から降ろされたイエスの遺体は、イエスの弟子でアリマタヤの

ヨセフという人が引き取りを願い出て、丁重に葬った。

★ピエタ
Pieta
あるいは
Lamentation
(The Mourning of Christ)

　母マリアをはじめとして、イエスを愛する人々がイエスの死を悼む場面。

◆復　活

★キリストの復活
Resurrection

　十字架上の死から3日めの日曜の朝、マグダラのマリアたちがイエスの墓を訪れると、遺体のあるはずの場所に天使がいて、イエスはよみがえられた、と告げた。

★キリスト昇天
Ascension

　復活の後、多くの弟子たちに現れたイエスは、40日めに皆の見ている前で天に昇った。

「ピエタ」　ボッティチェッリ

10 聖書から出た IDIOM 45

慣用句

聖書に起源のあるイディオム (慣用句) は驚くほどたくさんある。「畜殺場に向かう子羊のように」と、いかにも聖書らしいものから、「豚に真珠」など、「え、それ、聖書から?!」と意外性の高いものまで。ここに挙げるもの以外にも、聖書由来のイディオムはまだまだある。聖書を読み込んでいくうちに、このイディオムも聖書から来ているのかも？　と気づくようになるかもしれない。

1) pride goes before a fall (destruction) = Pride will have a fall 誇りは崩壊の前を行く

●意味・おごれる者は久しからず (地位や財産をかさに着て誇り高ぶる者は、遠からず没落する)。

●例文・He made a big mistake and had been reprimanded severely. See, "Pride goes before a fall".

彼は大きな失敗をして、こっぴどく叱られた。ほら見ろ、"おごれる者は久しからず"さ。

●聖句・「高慢は破滅に先立ち、高ぶった霊は挫折に先立つ」(箴言16:18)

●解説・ソロモンの知恵の書にあることば。

2) like a lamb to the slaughter　畜殺場に向かう子羊のように

●意味・まな板の鯉 (こい) (相手のなすがままで、逃げ場のない境遇)、(危険を知らずに) 柔順なようす。

●例文・My son always follows the bad group like a lamb to the slaughter.

うちの子は、いつもあの悪い仲間たちに、言われるままに従っていくんです。

●聖句・「彼は痛めつけられ、苦しんだ。だが、口を開かない。屠り場 (ほふ) に引かれて行く羊のように、毛を刈る者の前で黙っている雌羊のように、彼

は口を開かない」(イザヤ53:7)

●解説・これは、キリストの十字架の受難を、その700年以上も前にイザヤが預言した箇所で、総督ピラトの尋問にも、怒り狂ったユダヤ教指導者や民衆の前にも、ただ黙して十字架に向かっていったキリストの姿を、この子羊にたとえている。大きな違いは、羊は何も知らずに畜殺場に向かうが、キリストはすべてを知りつつ、黙々と十字架に向かったということ。

3) cast not pearls before swine　豚の前に真珠を投げるな

●意味・豚に真珠、猫に小判（高い価値のあるものでも、それの分からない者には無価値に等しい）。

●例文・Why do you give them away such a precious pictures you've painted? It's nothing but casting pearls before swine.

どうしてきみは、自分の描いたそんないい絵をやつらにあげてしまうんだ？　それじゃまるで"豚に真珠"だよ。

●聖句・「聖なるものを犬に与えてはいけません。また、真珠を豚の前に投げてはいけません。犬や豚はそれらを足で踏みつけ、向き直って、あなたがたをかみ裂くことになります」(マタイ7:6)

●解説・キリストの山上の垂訓の1節。

4) take under one's wing　翼の下に置く

●意味・かばう、世話する、庇護する。

●例文・He's your man no matter how you don't like him. So, take him under your wing.

いくらおまえが嫌っていても、彼はおまえの部下だ。だから、かばってやれよ。

●聖句・「瞳のように私を守り　御翼の陰にかくまってください」(詩篇17:8)。その他、詩篇36: 7、57: 1、61: 4、91: 4、ルツ記2:12、マタイ23:37。

●解説・神が人間を守り、庇護することのたとえとしてよく使われる表現。

特に、神の守りを切に求める祈りを収めた詩篇に多く見られる。

5) fall by the wayside　道端に落ちる

●意味・途中で諦める、挫折する、落後する。

●例文・You got off a flying start but you indeed are a man of no guts. It's inevitable that you fell by the wayside.

きみはあんなにいいスタートを切ったのに、まったく根性のないやつだな。途中棄権もやむなしだ。

●聖句・「種を蒔く人が種蒔きに出かけた。蒔いていると、ある種が道端に落ちた。すると、人に踏みつけられ、空の鳥が食べてしまった」(ルカ8:5)

●解説・信仰の種をまかれても、実を結ぶことのできなかった人のたとえで、この「道端に落ちた種」が、本来の目的を達せずに挫折したものを意味している。

6) go the extra mile　何マイルか余分に行く

●意味・一層の努力をする、もう一押しする。

●例文・You did your best, I know that. In order to win the championship, however, you should go the extra mile, I believe.

おまえがベストを尽くしたのは分かってる。だが優勝を勝ち取るには、もう一押しの努力が絶対に要るんだ。

●聖句・「あなたに一ミリオン行くように強いる者がいれば、一緒に二ミリオン行きなさい」(マタイ5:41)

●解説・山上の垂訓の一節。復讐の放棄、非暴力主義を説いている。1ミリオンは新約時代の単位で約1,480メートル。1マイルは1,609メートルなので、英語では1ミリオンをマイルと訳出することもある。

7) a leopard cannot change its spots　豹は斑点を変えることはできない

●意味・人の性格は変わらないものだ。

●例文・I was really astonished to see such a violent behavior of her. It's as if a leopard changed its spots against the maxim.

彼女のあの荒々しい態度には本当に驚いたわ。まるであの格言に逆らって、豹が斑点を変えたみたい。

●聖句・「クシュ人がその皮膚を、豹がその斑点を、変えることができるだろうか。それができるなら、悪に慣れたあなたがたも善を行うことができるだろう」(エレミヤ13:23)

●解説・この句から派生してできたのが "change one's spots" というイディオムでその意味は「がらりと変わる、基本的性格を変える、生き方を変える、豹変する」。

8) a sting in the tail　しっぽに一刺し

●意味・(話、提案などが) 聞き手、読み手に強く訴える意外な結末、後味の悪さ、嫌味、皮肉、とげのある話の落ち。

●例文・Hey, honey, it's your usual technique to always tell me how convenient and helpful the tool is, then finally have me bear the cost. It's a sting in the tail!

おい、きみ。そうやって、その器具がいかに便利で家事の助けになるかを僕に吹き込むのはきみのお得意の策略だ。で、最後に「お金出してくれる?」とくる。がっくりだよ!

●聖句・「彼らはサソリのような尾と針を持っていて、その尾には、五か月間、人々に害を加える力があった」(黙示録9:10)

●解説・「しっぽに毒がある」が「最後に不愉快な結末がある」と関連づけられている。かなり凝った言い方で、知識層が使う表現。

9) wash one's hands　手を洗う

●意味・手を引く、責任などを回避する。関係を断つ、見切りをつける。

●例文・How many times you troubled me to cover your debt because of your gambling. But, I tell you, this is my last help and

I'll wash my hands no matter what.

おまえのギャンブルの借金の尻ぬぐいを、これまで何度やってきたと思ってるんだ？　だが言っておくぞ。これは私の最後の援助だ。あとは何があっても、おまえの面倒は見ないからな。

●聖句・「ピラトは……水を取り、群衆の目の前で手を洗って言った。『この人の血について私には責任がない。おまえたちで始末するがよい。』」（マタイ27:24）

●解説・ローマの総督であるピラトの、キリストを十字架刑に処する際の態度。

10) the apple of somone's eye　目の中のリンゴ

●意味・非常に大切なもの（人）、掌中の玉。

●例文・I have a sweet memory of my dad who died when he was young. I was so little, he always hugged me and said "My angel, you're the apple of my eye".

父は若くして亡くなったんだけど、私はいい思い出を持ってるわ。とても小さかった私をいつもハグして、「かわいい僕のエンジェル、パパの目の中に入れても痛くないよ」と言ってくれたの。

●聖句・「主は荒野の地で、荒涼とした荒れ地で彼を見つけ、これを抱き、世話をし、ご自分の瞳（ひとみ）のように守られた」（申命記32:10）

●解説・目は体の器官の中でも、最も大切なものの1つ。そんな大切なものを犠牲にしても惜しくないという例文の慣用句も、それほどに大切にするという聖句の表現も、それをよく表している。

11) turn the other cheek　もう一方の頬を向ける

●意味・（仕返しをせずに）人の仕打ちを受ける、（ひどい仕打ちに対して）仕返しをしようとしない、侮辱、屈辱を甘受する。

●例文・It is most difficult to turn the other cheek to the one who insults you. I believe, however, it is the only way to have him realize he was wrong.

ひどい仕打ちをした人を、嫌な顔せずに受け入れるのは、いちばん難しいことだよ。だけど、彼に自分の過ちを気づかせるには、それしかないと思う。
●聖句・「『目には目を、歯には歯を』と言われていたのを、あなたがたは聞いています。しかし、わたしはあなたがたに言います。悪い者に手向かってはいけません。あなたの右の頬を打つ者には左の頬も向けなさい」(マタイ5:38-39)
●解説・裁判から十字架刑までの屈辱と苦しみを甘んじて受けたキリストのことば。復讐に代えて愛と赦しを説いている。

12) separate the sheep from the goats　羊とヤギを分ける
●意味・善人と悪人とを区別する。
●例文・How do you think can we separate the sheep from the goats of him? Well, take a close look at him whether he's doing himself what he says to be good.
あの人がいい人か悪い人か、どうすれば分かると思う？　そうだね、日ごろ、いいことだと言ってることを彼自身がやってるかどうか、注意して観察することだね。
●聖句・「人の子は、その栄光を帯びてすべての御使いたちを伴って来るとき、その栄光の座に着きます。そして、すべての国の人々が御前に集められます。人の子は、羊飼いが羊をやぎからより分けるように彼らをより分け、羊を自分の右に、やぎを左に置きます」(マタイ25:31-33)
●解説・キリスト再臨の時には、価値のあるものとそうでないものが分けられるという意味で、マタイ3章12節、ルカ3章17節にも同じ意味の記述がある。

13) rule with a rod of iron　鉄のムチで支配する
●意味・(人・国などを)厳しく管理(支配)する、圧政を行う。
●例文・"Mrs. Anderson, your son is very polite and study very hard. One thing, however, he seems to be timid always. Can

you guess any reason behind it?" "Well, it's because his father rules him with a rod of iron."

「アンダーソン夫人、息子さんは礼儀正しくて、勉強もよく頑張っていますが、一つだけ、いつもおどおどしているように見えます。その理由に何か心当たりはありますか？」「そうですね。あの子の父親が、厳しくしつけているせいだと思います」

●聖句・「彼は鉄の杖で彼らを牧する。土の器を砕くように」(黙示録2:27)

●解説・これは、キリストが再臨する時に、最後までキリストに忠実だった者たちが、キリストの敵を支配するようになると語っている箇所で、鉄の杖とは強権を表す。

14) money is the root of evil　金は邪悪の根

●意味・文字どおり、金は諸悪の根源である。

●例文・He finally won the election but no sooner than celebrating it with a big party, he was arrested because of bribe. It is well said that money is the root of evil.

彼、ついに選挙に勝って大パーティー開いて祝ったかと思ったら、収賄容疑で逮捕されちゃったよ。"金は諸悪の根源"とはよく言ったもんだ。

●聖句・「金銭を愛することが、あらゆる悪の根だからです」(Ⅰテモテ6:10)

●解説・聖書は金銭を愛することが悪である理由として、「だれも二人の主人に仕えることはできません。一方を憎んで他方を愛することになるか、一方を重んじて他方を軽んじることになります。あなたがたは神と富とに仕えることはできません」(マタイ6:24)と言っている。

15) the golden rule　黄金の法則

●意味・黄金律。人生にとって非常に重要な教訓。

●例文・I really admire him because he never boasts before anybody despite his brilliant achievements. No wonder since I heard he follows the golden rule always by being humble.

73

あいつ、あれだけいい業績を上げているのに、誰の前でも決して自慢話をしないのには、ほんとに感心するよ。けど、あいつのいちばんのモットーが、"いつも謙遜であれ"だと聞けば、納得だね。

●聖句・「ですから、人からしてもらいたいことは何でも、あなたがたも同じように人にしなさい。これが律法と預言者です」(マタイ7:12)

●解説・「山上の垂訓」の一節で、キリストの教えの要と目される行動規範。

16) as poor as Lazarus　ラザロのように貧乏

●意味・ひどく貧しい。

●例文・He won ten million yen in a public lottery for the first time in his life. Having gotten over excited, he spent all of it on entertaining his girlfriends and only one year later, he became as poor as Lazarus. Poor fellow!

あいつ、生まれて初めて宝くじで1,000万円当たっちゃってさ、もう有頂天になって女の子たちにいろいろ貢いでたら、わずか1年後には、一文無しになっちゃったよ。バカなやつ！

●聖句・「ある金持ちがいた。紫の衣や柔らかい亜麻布を着て、毎日ぜいたくに遊び暮らしていた。その金持ちの門前には、ラザロという、できものだらけの貧しい人が寝ていた。彼は金持ちの食卓から落ちる物で、腹を満たしたいと思っていた。犬たちもやって来ては、彼のできものをなめていた」(ルカ16:19-21)

●解説・聖書には、イエスの友人としてベタニアのラザロという人物も登場するが、ここのラザロはイエスのたとえ話の登場人物である。

17) Abraham's bosom　アブラハムの懐

●意味・天国、極楽。

●例文・He was so poor while he lived in this life. But he was loved by everybody because he was kind to all of them, and I'm sure he rests in peace now in Abraham's bosom.

彼は生きてるうちは貧乏だったけど、誰に対しても親切だったので、みんなに愛されてた。きっと今ごろは、天国で安らかに眠ってるよ。

●聖句・「しばらくして、この貧しい人は死に、御使(みつか)いたちによってアブラハムの懐に連れて行かれた」(ルカ16:22)

●解説・アブラハムはユダヤ人の先祖。

18) manna from heaven　天からのマナ

●意味・天の恵み、思いがけない授かりもの、地獄に仏。

●例文・Because of the debt, I couldn't buy even a slice of bread. Then, my mom, a farmer in the country, sent me a boxful of rice and various vegetables. It was really manna from heaven.

借金で1切れのパンも買えなくなった時、田舎で農家をしている母から、段ボールいっぱいのお米と野菜が届いたんだ。あれはまさしく"天の恵み"

だったね。

●聖句・「その一面の露が消えると、見よ、荒野の面には薄く細かいもの、地に降りた霜のような細かいものがあった……モーセは彼らに言った。『これは主があなたがたに食物として下さったパンだ』……イスラエルの家は、それをマナと名づけた」(出エジプト記16:14-31)

●解説・昔、イスラエル人がアラビアの荒野で神から恵まれた食物。ヘブル語「マナ」は「これはなんだろう」の意。イスラエル人が最初にこれを見た時に言ったことばが、そのままこの食物の名前になった。

19) make bricks without straw　わらなしでレンガを作る

●意味・無駄骨を折る、過酷な条件下で仕事をする、必要な物もなく事を始める、不可能なことを試みる。

●例文・My PC has broken. All data is in it but the due date of this report is tomorrow. I must somehow complete it only with my limited knowledge, which is like making bricks without straw.

僕のパソコン壊れちゃった。資料はみんなその中だけど、このレポート、提出期限が明日なんだ。とにかく、ありったけの知識で完成させなきゃいけないけど、それって、土台ムリだよね。

●聖句・「おまえたちは、れんがを作るために、もはやこれまでのように民に藁を与えてはならない。彼らが行って、自分で藁を集めるようにさせよ」(出エジプト記5:7)

●解説・エジプトのファラオが奴隷にしていたイスラエルの民を労働させる条件として部下に命じたことば。昔、中東でれんがを作るときはわらを刻んで土に混ぜた。わらはレンガを作る上で必需品だったのに、それなしでれんがを作ろうとするのは無理な注文という意味になる。

20) the day of reckoning　精算日

●意味・決算日、年貢の納め時、報いの来る日、最後の審判日。一般的に「借金精算の日」としても使われる。

●例文・They say their boss in the company obtains everything he wants using his power and money. They know, however, the day of reckoning will surely come upon him.

彼らは、社長が自分の権力と金の力で、欲しいものは何でも手にすると言っている。だが彼らは、社長にも"年貢の納め時"が必ず来ることを知っている。

●聖句・「あなたが来られ、世が終わる時のしるしは、どのようなものですか」……「御国のこの福音は全世界に宣べ伝えられて、すべての民族に証しされ、それから終わりが来ます」(マタイ24:3-14)

●解説・神がすべての人にさばきを下す最後の審判の日 (the Day of Judgment) を指す。

21) a sign of the times　時のしるし

●意味・時代の典型的な特色、時代を特徴づけるもの、時勢。

●例文・"Why in the world babies can be killed so easily? I can hardly believe it!" "Well, it's a sign of the times, love is lost in the human heart."

「そもそもなんで子どもがそう簡単に殺されるんだ？　信じられない！」「それが現代なんだよ。人の心に愛がなくなってるんだ」

●聖句・「イエスは彼らに答えられた。『夕方になると、あなたがたは「夕焼けだから晴れる」と言い、朝には「朝焼けでどんよりしているから、今日は荒れ模様だ」と言います。空模様を見分けることを知っていながら、時のしるしを見分けることはできないのですか』」(マタイ16:2-3)

●解説・聖書は、世の終わりが近づくと、「人の愛が冷える」など、数々のしるしがあることを述べている。

22) weighed in the balance and found wanting　秤<ruby>秤<rt>はかり</rt></ruby>にかけられ、不足が発覚する

●意味・評価された結果、不充分な(不備な)点が見つかること。

●例文・Several models auditioned for the entry of Paris Collection but no one passed since they all were weighed in the balance and found wanting.

何人かのモデルが、パリコレクション出場審査に応募したが、誰もが何かしら不充分で、一人も合格しなかった。

●聖句・「『テケル』とは、あなたが秤で量られて、目方の足りないことが分かったということです」(ダニエル書5:27)

●解説・これはバビロン捕囚を行ったネブカドネツァル王の息子ベルシャツァル王に向けられた神のことば。王宮に突然、人間の手の指が現れ、壁に不思議なことばを書き、捕囚としてバビロンに連れて来られていたユダヤ人のダニエルによって解き明かされた意味がこれだった。

23) wheels within wheels　車輪の中の車輪

●意味・複雑な事情、複雑な動機、複雑なからくり（利害関係、命令系統）。

●例文・The lawyer accepted the defense of the president of the company who was sued for moral harassment. Before long, however, he felt regretted accepting the job since he knew the allegation was true. It was all so complicated as wheels within wheels.

その弁護士は、モラルハラスメントで訴えられた社長の弁護を引き受けた。だがほどなく彼は、この仕事を引き受けたことを後悔した。社長の嫌疑が本当で、あまりに複雑だったからだ。

●聖句・「それらの輪の形と作りは、輝く緑柱石のようで、四つともよく似ていた。それらの形と作りは、ちょうど、輪の中に輪があるようであった」（エゼキエル書1:16）

●解説・これは預言者エゼキエルが見た幻で、このような幻には、聞いた（読んだ）だけでは想像できないような複雑なものが多い。

24) I am not my brother's keeper.　僕は弟の番人じゃない

●意味・他人のことまで責任は持てない。

●例文・Mom, you always ask me where my little brother, Henry is. Why don't you ask him when you see him? I'm not my brother's keeper.

ママ、どうしていつも「ヘンリーはどこ？」って僕に聞くのさ。あいつに会ったら聞けばいいだろ。僕は弟の子守じゃないよ。

●聖句・「主はカインに言われた。『あなたの弟アベルは、どこにいるのか。』カインは言った。『私は知りません。私は弟の番人なのでしょうか』」（創世記4:9）

●解説・弟のアベルを殺した後、神に問いかけられたカインが、しらを切って答えたことば。

25) hide one's light under a bushel　升(ます)の下にライトを隠す

●意味・能(たか)ある鷹は爪を隠す、謙遜して自分の才能を隠す、謙虚にする、鳴りをひそめる。

●例文・Amazing! You can speak English so fluently, can't you! You've been hiding your light under a bushel for a long time since I have known you.

驚いたな！ そんなに流ちょうに英語を話せるんじゃないか！ きみを知ってから長いのに、"能ある鷹は爪を隠す"だな。

●聖句・「また、明かりをともして升の下に置いたりはしません。燭台(しょくだい)の上に置きます。そうすれば、家にいるすべての人を照らします」(マタイ5:15)

●解説・イディオムの意味は「謙遜」だが、聖書のこの箇所は、自分にもたらされた恵みや、神から受けたよい影響を自分だけのものにして隠してはいけない、という意味。

26) a millstone around one's neck　首の回りの石臼(いしうす)

●意味・人にとっての足かせ、重荷、足手まとい、悩みの種。

●例文・His promotion in his company is apparently slow compared to his fellow worker joining the company at the same year. I assume not having graduated from university is always a millstone around his neck.

彼は、同期入社の仲間と比べて、明らかに昇進が遅い。大学を出ていないことは、いつも彼の悩みの種だろうと思う。

●聖句・「わたしを信じるこの小さい者たちの一人をつまずかせる者は、大きな石臼を首にかけられて、海の深みに沈められるほうがよいのです」(マタイ18:6)

●解説・信仰を持とうとしてつまずいてしまう人々を惜

しんだイエスのことば。

27) the land of Nod　居眠りの土地

●意味・眠りの国、睡眠。

●例文・Shhh! Don't wake up dad. He came home so late last night because of his work and I just saw him still deeply sleep in the land of Nod.

シー！　パパを起こさないで。パパ、昨夜仕事で遅く帰ってきたの。今見たら、まだ"眠りの国"でぐっすり寝てるから。

●聖句・「カインは主の前から出て行って、エデンの東、ノデの地に住んだ」(創世記4:16)

●解説・ノデは英語ではNodで、居眠りをするという意味のnodと同じスペリングであることから生まれたことば遊び。この意味で使い始めたのは、18世紀のイギリスの文豪ジョナサン・スウィフトである。

28) eat, drink and be merry!　食べて飲んで浮かれ騒げ

●意味・今を楽しく過ごせ。

●例文・Our company closes tomorrow because of bankruptcy. Tomorrow, we will all to scatter in various directions and will seldom see each other again. Why don't we just eat, drink and be merry tonight?

うちの会社、倒産して明日で店じまいだ。明日は俺たち、いろんなところへちりぢりに散って、もうめったに会えない。今夜は食って飲んでパーッとやろうぜ！

●聖句・A「日の下では、食べて飲んで楽しむよりほかに、人にとっての幸いはない。これは、神が日の下で人に与える一生の間に、その労苦に添えてくださるものだ」(伝道者の書8:15)

聖句・B「そして、自分のたましいにこう言おう。『わがたましいよ、これから先何年分もいっぱい物がためられた。さあ休め。食べて、飲んで、楽

しめ』」(ルカ12:19)

●解説・Aは、イスラエルで栄華を極めたソロモン王のことば。人間が額に汗して働いたあとに、神が報いとして与えてくれる楽しみのことを言っている。Bはキリストのことばで、自分のためには貪欲に蓄えても、その財を神のため、人のために用いなかった愚かな男の例として語ったもの。"そんな財など、もしその夜のうちに死んでしまったら、なんの役にも立たない"という結論で終わっている。

29) bear (英)/ carry (米) a (one's) cross　自分の十字架を運ぶ

●意味・苦難(困苦、悲しみ、不幸)に耐える。

●例文・Peter's wife has passed away leaving a baby son.Dorothy has been found with breast cancer. I just lost my job because of restructuring. We all have our own cross to bear.

ピーターの奥さんが赤ん坊の息子を残して亡くなった。ドロシーは乳がんが見つかった。僕はリストラで解雇だ。みんな、負うべき十字架を持ってるんだ。

●聖句A・「自分の十字架を負ってわたしに従って来ない者は、わたしにふさわしい者ではありません」(マタイ10:38)

聖句B・「だれでもわたしについて来たいと思うなら、自分を捨て、自分の十字架を負って、わたしに従って来なさい。自分のいのちを救おうと思う者はそれを失い、わたしのためにいのちを失う者はそれを見出すのです」

(マタイ16:24-25)

●解説・ローマ時代、罪人たちが十字架上で磔になるとき、処刑場まで自分の十字架を担いで運んだという史実がある。聖書では、「十字架」は人間の罪がもたらした人類全体の苦しみを象徴しているが、このイディオムでの十字架は、そこまでの意味はなく、人生のさまざまな苦難、苦痛などの比喩として用いられている。この世で生きていくためには、ある種の負担や苦痛は耐え忍ばないといけないという意味。

30) cover a multitude of sins　多くの罪をカバーする

●意味・いろいろな悪事の弁解になる、多くのことを覆い隠す、多くの欠点を隠す。

●例文・He is as good a person as I've ever met, and we talk about everything with each other. Despite that fact, he never invites me to his home, which makes me wonder if he covers a multitude of sins.

彼は僕が会った中で、とてもいい人間で、お互い何でも話し合える仲だ。なのに、決して僕を自宅に呼んでくれないので、何かやましいことをいっぱい隠してるのかなと思ってしまう。

●聖句・「何よりもまず、互いに熱心に愛し合いなさい。愛は多くの罪をおおうからです」（Ⅰペテロ4:8）

●解説・聖書では「神は愛のゆえに人間の多くの罪を、まるでないもののように赦す」という意味だが、現代では「罪を巧みに覆い隠す」というニュアンスで使われている。

31) the straight and narrow　まっすぐで狭い

●意味・誠実で道徳的な生き方、正しい生き方、正道。

●例文・In accordance with his promotion, there came various temptations around him such as gambring, playing with girls. He, however, always kept to the straight and narrow as he was taught by his father.

昇進するにつれて、彼はギャンブルとか、女遊びとか、さまざまな誘惑にさらされたが、父の教えに従って、いつもまっとうな道を守った。

●聖句・「狭い門から入りなさい。滅びに至る門は大きく、その道は広く、そこから入って行く者が多いのです。いのちに至る門はなんと狭く、その道もなんと細いことでしょう。そして、それを見出す者はわずかです」（マタイ7:13-14）

●解説・日本ではもっぱら、受験など、競争率の高いものを

指して使われることの多い「狭き門」という表現の起源もこの箇所。本来の意味で「狭い門から入る人」とは、キリストを信じる人のことである。

32) a thorn in someone's flesh (one's side)　肉体に刺さったとげ

●意味・絶え間なく人を悩ませる（困らせる）もの、悩みの種、苦痛の種、心配のもと。

●例文・When once humiliated among the group, he became very stubborn and opposed almost all the decisions of the meeting. He's now the biggest thorn in our group's flesh.
グループの面前で恥をかかされてから、彼は意固地になって、会の決定にことごとく反対するようになった。今や彼は、グループの最大の"腫れ物"だ。

●聖句・「その啓示のすばらしさのため高慢にならないように、私は肉体に一つのとげを与えられました。それは私が高慢にならないように、私を打つためのサタンの使いです」（Ⅱコリント12:7）

●解説・使徒パウロのことば。超自然的な方法でパラダイスを垣間見せられたあと、彼は何かしらの障害を負ったらしい。それを取り除いてほしいと願うパウロに対する神の答えは、「わたしの恵みはあなたに十分である。わたしの力は弱さのうちに完全に現れるからである」（Ⅱコリント12:9）というものだった。

33) many are called but few are chosen　多くの人が呼ばれるが選ばれる人はほとんどいない

●意味・ほとんど直訳のままの意味で、招かれる人は多く、選ばれる人は少ないということ。

●例文・I was really surprised to know he tried the entrance examination of the same university six times. Unfortunately, I hear he couldn't pass this year either. What I can say is "many are called but few are chosen".

彼の同じ大学への受験が6回めと知って、本当に驚いたよ。誠に残念ながら、今年もダメだったそうだ。まったく "招かるるは多し、選ばるるは少なし" だね。

●聖句・「王は召使いたちに言った。『この男の手足を縛って、外の暗闇に放り出せ。この男はそこで泣いて歯ぎしりすることになる。』招かれる人は多いが、選ばれる人は少ないのです」(マタイ22:13-14)

●解説・語られた福音に対して多くの人の反応が鈍いことを嘆いたキリストのことば。「狭い門から入る人は少ない」に通じる。

34) hope against hope　希望に反する希望

●意味・見込みがないのに希望を捨てない、はかない望みを抱く。

●例文・When she was diagnosed as having stage4 cancer,she desperately visited several hospitals one after another but the diagnosis was the same. That is so sad but she still has a hope against hope.

ステージⅣのがんと宣告されて、彼女は絶望的に幾つかの病院を次から次に訪れたが、診断は同じだった。かわいそうに、彼女はそれでも一抹の望みを抱いている。

●聖句・「彼は望み得ない時に望みを抱いて信じ、『あなたの子孫は、このようになる』と言われていたとおり、多くの国民の父となりました」(ローマ4:18)

●解説・100歳の時に、跡取りとなる息子イサクを授かったアブラハムの信仰に言及したパウロのことば。

35) a Job's comforter　ヨブを慰める人〈38〉参照〉

●意味・人を慰めようとしながら、無意識または故意に相手を落胆させる人。ありがた迷惑な好意の持ち主。

●例文・When I lost my beloved wife due to sudden illness, a few friends comforted me. One said since I'm not very old enough, I'll have another chance to be re-married. The other said bereavement is inevitable for any couple. I was so disappointed by those "Job's comforters".

私が愛する妻を突然の病で亡くした時、数人の友が見舞いに訪れ、こう言って私を慰めた。一人は「お前はまだ年じゃないから、そのうち再婚相手が現れるさ」。別の一人は「夫婦が死に別れるのは、避けられないよ」。私は、この"無神経な弔問客"にひどく失望した。

●聖句・「ヨブは答えた。『そのようなことは、私は何度も聞いた。あなたがたはみな、人をみじめにする慰め手だ』」(ヨブ16:1-2)

●解説・病気と災害に悩むヨブを慰めに来た3人の友人が、その心ないことばで逆にヨブを悲しませ、怒らせた、という話が由来。成句になったのは18世紀中ごろで、今日も広く用いられている。

36) a good Samaritan 善きサマリア人

●意味・苦しむ者に情け深い人、あわれみ深い人、慈善家。

●例文・When my house was robbed while my wife and I were away, we lost our cash and bank book. To make matters worse, my wife became ill because of the shock and called ambulance. Observing it all, my neighbor's wife just lent the money. She really is a good Samaritan.

妻と外出して留守中に空き巣に入られ、現金、預金通帳すべて持っていかれた。さらに悪いことに、妻はショックで具合が悪くなり、救急車を呼ぶ羽目になった。一部始終を見ていた隣の奥さんが、黙ってお金を貸してくれた。あの人は、本物の"善き隣人"だ。

●聖句・「ある人が、エルサレムからエリコへ下って行ったが、強盗に襲われた……旅をしていた一人のサマリア人は、その人のところに来ると、見てかわいそうに思った。そして……宿屋に連れて行って介抱した……イエスは言われた。『あなたも行って、同じようにしなさい』」(ルカ10:30-37)

●解説・強盗に襲われた男を、ユダヤ人の男が見て見ぬふりをして通り過ぎていった後、サマリア人が来てその人を助けた話が由来。アメリカには、事故現場などで救護活動をした人が失敗したとしても、善意で行った良識的な行動なら罪に問わないという法律があり、それをグッド・サマリタン法(善きサマリア人法)と呼ぶ。

37) raise Cain　（乱暴なことばで）カイン（の霊）を呼び覚ます

●意味・大騒ぎをする、激怒する、文句を言う、どなりつける。

●例文・After severe discussion, the management and the labor union finally settled. Then, a union man made an urgent motion to discuss pending issue as it was related to this settled matter. The management got angry and shouted, "You raise Cain, don't you?!"

激しい論議の後、経営陣と労働組合はやっと合議に至った。その時、一人の組合員が立ち上がり、別の未決の課題が、今回の合議事項と関係あるので、この際討議すべきだという緊急動議を出した。経営陣は怒って叫んだ。「きみはまたひと悶着起こす気か！」

●聖句・「主はカインに言われた。『なぜ、あなたは怒っているのか。なぜ顔を伏せているのか。もしあなたが良いことをしているのなら、受け入れられる。しかし、もし良いことをしていないのであれば、戸口で罪が待ち伏せている。罪はあなたを恋い慕うが、あなたはそれを治めなければならない。』カインは弟アベルを誘い出した。二人が野にいたとき、カインは弟アベルに襲いかかって殺した」(創世記4:6-8)

●解説・raiseには「目覚めさせる」という意味もあり、怒りから弟を殺したカインの霊を目覚めさせるという意味が、この表現になった。

38) the patience of Job　ヨブの忍耐〈(35)参照〉

●意味・非常な忍耐、限りない忍耐力、極度の辛抱。

●例文・John's boss is a typical self-centered man, always doing whatever pleases him without considering others. Having served him faithfully for nearly 10 years, John showed more than anything that he has the patience of Job.

ジョンのボスは典型的なワンマンで、自分のやりたいことは、周りを気にしないで何でもやってしまう。ジョンは10年近く、そんなボスに忠実に仕えることで、何にもまして、並外れた忍耐力の持ち主であることを示している。

●聖句・（ヨブについては「ヨブ記」全体に記されているが、ここではそれを引用した新約聖書から）

「見なさい。耐え忍んだ人たちは幸いだと私たちは思います。あなたがたはヨブの忍耐のことを聞き、主によるその結末を知っています。主は慈愛に富み、あわれみに満ちておられます」（ヤコブ5:11）

●解説・ヨブはサタンの試みにより財産と子どもたちを失い、自分も非常な肉体的苦痛を被った人。彼はその試練を通して神という存在の大きさを意識し直した。

39) a doubting Thomas　　疑うトマス

●意味・何でも疑う人、疑い深い人、自分の予想と異なることは容易に信じない人。

●例文・I told my close friend, Billy that I met Tom Cruise by chance in elevator and obtained his autograph but he never believed it. Oh, he's a doubting Thomas!

私、仲良しのビリーに、偶然エレベーターの中でトム・クルーズに出会って、サインもらっちゃったって言ったの。でも彼、頭から信じなかった。まったく疑い深いんだから！

●聖句・「トマスは彼らに『私は、その手に釘の跡を見て、釘の跡に指を入れ、その脇腹に手を入れてみなければ、決して信じません』と言った」（ヨハネ20:25）

●解説・十字架の死から復活したイエスが弟子たちの前に現れた時、トマスだけがそこにいなかった。仲間のことばを信じられなかったトマスだが、

後にイエスがトマスにも現れ、手の釘の跡を示し、「指を入れなさい」と言うと、トマスはそうせずに「私の主、私の神よ」と答える。イエスは、「あなたはわたしを見たから信じたのですか。見ないで信じる人たちは幸いです」と諭した。

40) the salt on the earth　地球上の塩

●意味・世の腐敗を防ぐ健全分子、社会の中堅。（特に一般の人々の中で社会の範となるような）高潔な人々、善良で信頼できる立派な人たち。

●例文・There is a lot of bullying in Fred's class room. He, however, never joins the bully group, rather he protects the bullied friends and dares to attempt to confront them. He's the very salt on the earth.

フレッドのクラスには、いじめがはびこっていた。彼は、決していじめに加担せず、いじめられている子をかばい、いじめグループに立ち向かおうとさえした。彼こそは"地の塩"だ。

●聖句・「あなたがたは地の塩です。もし塩が塩気をなくしたら、何によって塩気をつけるのでしょうか。もう何の役にも立たず、外に投げ捨てられ、人々に踏みつけられるだけです」（マタイ5:13）

●解説・塩は、ほんの少量でも料理の味を整え、腐敗を防ぐため、当時の貴重品だった。転じて、キリスト者が、たとえ少数でも、社会の中でこつこつと誠実に働き、さまざまな社会的腐敗の歯止めとなるとき、彼らは「地の塩」と呼ばれる。

41) a/the fly in the ointment　軟膏（なんこう）の中のハエ

●意味・玉にキズ、興ざめ、計画（組織、名誉）を台無しにする人、物事の楽しみを損なうもの、人。

●例文・The weather was fine, the scenery was stunningly beautiful. The spa in the hotel healed their fatigue very well. The fly in the ointment was the dinner since it was a cold, ready-made one.

お天気は最高、景色は息をのむほどきれい。ホテルの温泉は疲れを癒やして

くれた。唯一、興ざめだったのは夕食で、冷めた、出来合いのものだったのだ。

●聖句・「死んだハエは、調香師の香油を臭くし、腐らせる」(伝道者の書10:1)

●解説・たった1匹のハエが、貴重な香料を台無しにするのと同じように、小さな欠点が楽しみを奪うものだ、という意味。広く用いられるフレーズで、状況によって冠詞が a になったり the になったりする。使い方としては、しばしば例文のように only を伴う。類句に a wet blanket (水を差す) がある。

42) forbidden fruit　禁じられた果物

●意味・禁断の木の実 (禁じられているため、いっそう欲しくなるもの)、不義の関係

●例文・Mother : Contrary to our request not to, why does our daughter never stop going to Karaoke till such a late hour every night?

Father : It's inevitable since she just enjoys something she never experienced before. See, the forbidden fruit is the sweetest.

母親「どうしてうちの娘は、いけないと言ってるのに毎晩遅くまでカラオケに行くの、やめないのかしら?」

父親「しょうがないよ。今までやったことがないことをするのが楽しくてしょうがないんだから。言うだろ、"禁断の木の実こそ甘く見える"って」

●聖句・「あなたは園のどの木からでも思いのまま食べてよい。しかし、善悪の知識の木からは、食べてはならない。その木から食べるとき、あなたは必ず死ぬ」(創世記2:16-17)

●解説・神がアダムに食べることを禁じたエデンの園の果物を指す。しかしアダムの妻エバは、邪悪な蛇の誘惑に乗ってそれを食べ、夫アダムもエバに勧められて食べてしまった。これが人類の堕落と苦しみの始まりとなる。

43) a land of milk and honey　牛乳とはちみつの土地

●意味・よく肥えた土地、天の恵み、成功と幸福が約束された豊かな土地。

●例文・Mike left his homeland after graduating from high school and crossed the ocean to America, dreaming of a land of milk and honey. One year later after going through hard times there, he realized America was not the country he dreamed of, but his homeland was.

マイクは高校を出たあと、故郷を離れて海を渡り、アメリカに行った。つらく苦しい1年を過ごしたあと、彼は、アメリカは"約束の地"ではなく、自分の国がそうなのだと分かった。

●聖句・「わたしが下って来たのは、エジプトの手から彼らを救い出し、その地から、広く良い地、乳と蜜の流れる地に……彼らを導き上るためである」（出エジプト3:8）

●解説・「乳と蜜」は、旧約時代のイスラエルの民にとって、最も滋養豊かな食べ物だった。神はモーセをリーダーとして、奴隷にされていたイスラエルの民をエジプトから脱出させ、この豊かな地へ向かわせた。

44) upper room/ upstairs　上の部屋/ ２階

●意味・二階座敷、（転じて）天国。

●例文・My most beloved grandma was Christian and used to say, "If you believe in Jesus, we can meet in Heaven all together." She's now waiting for us there, The Upper Room.

大好きだったおばあちゃんはクリスチャンで、いつも「イエス様を信じれば、みんな天国で会えるんだよ」と話してくれた。そのおばあちゃんも、今は天国で待っててくれてるよ。

●聖句・「すると、その主人自ら、席が整えられて用意のできた二階の大広間を見せてくれます。そこでわたしたちのために用意をしなさい」（マルコ14:15）

●解説・キリストは、十字架につけられる前の晩、二階座敷で弟子たちと最後の晩さんをした。このことばが、映画や本の中で人が死ぬ時に用いられたら、ずばり「天国」とか、あるいは比喩的に「上の部屋」とか、「天上の間」などと訳すといい。

45) Daniel in the lion's den　ライオンの巣の中のダニエル

●意味・非常に危険な状態

●例文・Can't you see the danger in your situation? You are like Daniel in the lion's den as they're cheating you out of all of your assets !
おまえ、今どんなにヤバい状態か分からないのか？　やつら、おまえの全財産をだまし取ろうとしてるんだよ！

●聖句・「それで王は命令を出し、ダニエルは連れて来られて、獅子の穴に投げ込まれた」(ダニエル書6:16)

●解説・ダニエルは、バビロン捕囚として連れてこられたイスラエル人だったが、捕囚先の王に愛され重用されたため、これに嫉妬した高官たちが「王以外のものに祈ったら獅子の穴に放り込む」という法律を作る。ダニエルはこの法律をものともせず、イスラエルの唯一の神に祈ったため、獅子の穴に放り込まれてしまったが、神に守られ、まったくの無傷で生還した。

Answer 聖書クイズ　回答編

1　以下の英文と、その訳の文章を見て、訳が適切かどうか考えてください。もし不適切な箇所があれば指摘し、正しく直してください。(必要なら意訳／補訳しなさい。)

①What the Gospel is all about? It is the story that the Son of man helps debtors together with Holy Ghost.
(正しい訳)　福音とは何でしょうか？　それは、神の御子が、聖霊と共に、罪人を救う物語です。

②When you're brought into this world, they say you're born in sin.
(正しい訳)　人はこの世に生を受けた時から、罪人と言われている。

③I've completely shattered my brother. I'm what Cain was to Abel.
(正しい訳)　俺は弟を完ぺきに打ちのめした。まるでアベルを殺したカインのようなものさ。

④But before I'm six foot deep, Lord I got to ask a favor.
(正しい訳)　死んで墓に埋められる前に、神よ、一つだけ願いを聞いてくれ。

⑤Forgive me Father for I have sinned. You did show me all the writing on the wall.
(正しい訳)　父なる神よ。俺の犯した罪を赦してくれ。あんたは、災いの前兆を全部はっきり見せてくれた。
(旧約聖書ダニエル書5:5-28参照)

⑥But I know he has a heart of gold.
　(正しい訳)　でも、あの方は、思いやりをお持ちだわ。
　　　　　　　　(goldは「The Golden Rule」《黄金律》を指している。
　　　　　　　　「聖書から出たIDIOM45」15参照)

2　次の英語の日本語訳は、どちらが正しいでしょう

　　　① 旧/新約聖書
　　　② 伝道師
　　　③ モーセ
　　　④ 預言者
　　　⑤ 牧師さん

3　旧約聖書、新約聖書はそれぞれ何語で書かれたでしょう。
　　旧約⇒②　　新約⇒⑤

4　次の文章のうち、間違っているものはどれでしょう。
　　③　　⑤　　⑥

5　次の物語のうち、聖書からネタを取ったものはどれでしょう。
　　③

忠相にござる

93

BIBLE

ENGLISH

第**2**部 | 資料編・辞書を
引いても出て
こない専門用語

MOVIE

DATA

　第2部からは、キリスト教、聖書に関わる翻訳をするうえで役に立つ資料集となる。

　一見、無機質な表の羅列だからといって見逃すことなかれ。ここには、知らなかったらうっかり誤訳してしまいそうな単語や、英和辞典や和英辞典を引いてみても、なかなかたどり着かない貴重な情報が満載されているのだ。

　例えば「聖書の各巻」の Numbers は、「数」ではないし、Kings は、「王たち」ではない。

　「聖書の人物」は、英語名の発音と、日本語表記にかなりの違いがある。たとえば Rachel は、英語ではレイチェルだが、日本語聖書の表記はラケルとなる。Jesus がイエスくらいは誰でも知っているだろうが、ダビデが実は David(デイヴィッド)、マタイは Mattew（マシュー）あたりになると、知らない方も多いのではないだろうか。

　「キリスト教3大儀式プログラム」も、例えば、Call to Worship の「招詞」、Responsive Readingの「交読文」という訳語などは、キリスト教の専門用語であって、英和辞典を引いても出てこない。日本人であっても、普段礼拝に出ている人でなければ、あの行為をそう呼ぶとは知らないことばなのだ。

　「教会の系譜」はかなり専門的な内容になる。一口に「キリスト教会」と言ってもこれだけ幅があり、雰囲気も用語もまったく違ってくる。たとえばあの映画に出てくる「キリスト教」

はこれ、という例も、少しだが挙げておいたのでご覧あれ。

　そして、多岐にわたる宗派に関して、翻訳者にいちばん必要な情報は、おそらく「聖職者の呼びかた」であろう。明らかに神父の服装をしている聖職者に対して「牧師」という訳語が当てられていたり、その逆だったりすることがよくあるが、これはカトリック信者やプロテスタント信者が見れば一目で、「違う！」と違和感を覚えてしまうもの。

　また、牧師であっても、面と向かって呼びかける時は「〇〇牧師」ではなく、「〇〇先生」というのが一般的。どの宗派のどの聖職者を、一人称ならどう呼び、三人称ならどう呼ぶか、辞書をいくら引いても分からないが、絶対に必要な情報を載せているので、ぜひ、活用していただきたい。

　最後は「キリスト教映画リスト」だ。一応最新のものまで入れてみたが、情報をアップデートすれば、さらに多くの映画がこのリストに加わるだろう。きりがないので、本書ではこれだけにさせていただくが、洋画にはこれほどまでにキリスト教の影響が色濃く出ていることを分かっていただけるだけでも載せる意味があると考える。

　皆さんが本書を、そしてこれらの資料を用いながら、英語、翻訳、聖書の世界に足を深く踏み入れていってくだされば本望である。

旧約聖書 The books of the Old Testament

区分		日本語書簡名　〈（）は新共同訳〉	英語書簡名	略語	日本語略語表記の1例
律法（モーセ五書）		創世記	Genesis	Ge	創世
		出エジプト記	Exodus	Ex	出エジプト
		レビ記	Leviticus	Lev	レビ
		民数記	Numbers	Nu	民数
		申命記	Deuteronomy	Dt	申命
歴史		ヨシュア記	Joshua	Jos	ヨシュア
		士師記	Judges	Jdg	士師
		ルツ記	Ruth	Ru	ルツ
		サムエル記　第1（上）	1 Samuel	1 Sa	Ⅰサムエル
		サムエル記　第2（下）	2 Samuel	2 Sa	Ⅱサムエル
		列王記　第1（上）	1 Kings	1 Ki	Ⅰ列王
		列王記　第2（下）	2 Kings	2 Ki	Ⅱ列王
		歴代誌　第1（上）	1 Chronicles	1 Ch	Ⅰ歴代
		歴代誌　第2（下）	2 Chronicles	2 Ch	Ⅱ歴代
		エズラ記	Ezra	Ezr	エズラ
		ネヘミヤ記	Nehemiah	Ne	ネヘミヤ
		エステル記	Esther	Est	エステル
文学（詩歌）		ヨブ記	Job	Job	ヨブ
		詩篇（詩編）	Psalms	Ps	詩篇（略なし）
		箴言	Proverbs	Pr	箴言（略なし）
		伝道者の書（コヘレトの言葉）	Ecclesiastes	Ecc	伝道
		雅歌	Song of Songs	SS	雅歌（略なし）
預言書	大預言書	イザヤ書	Isaiah	Isa	イザヤ
		エレミヤ書	Jeremiah	Jer	エレミヤ
		哀歌	Lamentations	La	哀歌（略なし）
		エゼキエル書	Ezekiel	Eze	エゼキエル
		ダニエル書	Daniel	Da	ダニエル
	小預言書	ホセア書	Hosea	Hos	ホセア
		ヨエル書	Joel	Joel	ヨエル
		アモス書	Amos	Am	アモス
		オバデヤ書	Obadiah	Ob	オバデヤ
		ヨナ書	Jonah	Jnh	ヨナ
		ミカ書	Micah	Mic	ミカ
		ナホム書	Nahum	Na	ナホム
		ハバクク書	Habakkuk	Hab	ハバクク
		ゼパニヤ書（ゼファニヤ書）	Zephaniah	Zep	ゼパニヤ
		ハガイ書	Haggai	Hag	ハガイ
		ゼカリヤ書	Zechariah	Zec	ゼカリヤ
		マラキ書	Malachi	Mal	マラキ

新約聖書 The books of the New Testament

区分		日本語書簡名　〈( )は新共同訳〉	英語書簡名	略語	日本語略語表記の1例
福音書		マタイの（マタイによる）福音書	Matthew	Mt	マタイ
		マルコの（マルコによる）福音書	Mark	Mk	マルコ
		ルカの（ルカによる）福音書	Luke	Lk	ルカ
		ヨハネの（ヨハネによる）福音書	John	Jn	ヨハネ
使徒		使徒の働き（使徒言行録）	Acts	Ac	使徒
手紙	パウロの手紙	ローマ人（ローマの信徒）への手紙	Romans	Ro	ローマ
		コリント人（コリントの信徒）への手紙 第1	1 Corinthians	1 Co	Ⅰコリント
		コリント人（コリントの信徒）への手紙 第2	2 Corinthians	2 Co	Ⅱコリント
		ガラテヤ人（ガラテヤの信徒）への手紙	Galatians	Gal	ガラテヤ
		エペソ人（エフェソの信徒）への手紙	Ephesians	Eph	エペソ
		ピリピ人（フィリピの信徒）への手紙	Philippians	Php	ピリピ
		コロサイ人（コロサイの信徒）への手紙	Colossians	Col	コロサイ
		テサロニケ人（テサロニケの信徒）への手紙　第1	1 Thessalonians	1 Th	Ⅰテサロニケ
		テサロニケ人（テサロニケの信徒）への手紙　第2	2 Thessalonians	2 Th	Ⅱテサロニケ
		テモテへの手紙　第1	1 Timothy	1 Ti	1テモテ
		テモテへの手紙　第2	2 Timothy	2 Ti	Ⅱテモテ
		テトスへの手紙	Titus	Tit	テトス
		ピレモン（フィレモン）への手紙	Philemon	Phm	ピレモン
		ヘブル人（ヘブライ人）への手紙	Hebrews	Heb	ヘブル
		ヤコブの手紙	James	Jas	ヤコブ
	ペテロ	ペテロ（ペトロ）の手紙　第1	1 Peter	1 Pe	Ⅰペテロ
		ペテロ（ペトロ）の手紙　第2	2 Peter	2 Pe	Ⅱペテロ
	ヨハネ	ヨハネの手紙　第1	1 John	1 Jn	Ⅰヨハネ
		ヨハネの手紙　第2	2 John	2 Jn	Ⅱヨハネ
		ヨハネの手紙　第3	3 John	3 Jn	Ⅲヨハネ
		ユダの手紙	Jude	Jude	ユダ
黙示録		ヨハネの黙示録	Revelation	Rev	黙示録

巻	英 語	英語読み	日本語聖書 (新改訳) 表記	備　　　考
				<旧約聖書の人物>
創世記	Adam	アダム	アダム	人類の始祖。最初の"人" (Adam)。
	Eve	イーヴ	エバ	アダムのあばら骨から造られた妻。
	Cain	ケイン	カイン	アダムとエバ夫婦の長男。最初の殺人者。
	Abel	エイバル	アベル	カインの弟。兄に殺される。
	Seth	セス	セツ	アダム夫婦の3男。アベルに代わる人類救済の系譜の祖。
	Enoch	イーノック	エノク	アダムから7代め。信仰の故に死を見ず昇天。
	Methuse-lah	メスーザラ	メトシェラ	アダムから9代め。人類最高齢者 (969歳！)
	Noah	ノア	ノア	10代め。家族8人、箱舟で洪水を脱出。
	Shem	シェム	セム	ノアの長男。中東諸民族の祖。
	Ham	ハム	ハム	ノアの2男。アフリカ諸民族の祖。
	Japheth	ジェイフェス	ヤフェテ	ノアの3男。インド・ヨーロッパ諸民族の祖。
	Abram	エイブラム	アブラム	イスラエル12部族の祖。"高貴な父"の意。
	Abraham	エイブラハム	アブラハム	神によるアブラムの改名。"多くの国民の父"の意。
	Lot	ロト	ロト	アブラハムの甥〈おい〉。退廃の町ソドムから脱出。
	Sarai	サライ	サライ	アブラハムの妻。高齢 (90歳！) でイサクを出産。
	Sarah	サラ／セイラ／セアラ	サラ	神によるサライの改名。
	Hagar	ヘイガー	ハガル	アブラハムの女奴隷。イシュマエルの母。
	Ishmael	イシュマエル／イシュメイ(ア)ル／イシュミアル	イシュマエル	アブラハムの傍系の長男。アラブ民族の祖。
	Isaac	アイザック	イサク	アブラハム夫妻の長男。
	Abimelech	アビメレク	アビメレク	ペリシテ人の王。危うくサラを妻にしかける。
	Rebekah	レベカ	リベカ	イサクの妻。
	Laban	レイバン	ラバン	イサクの妻リベカの兄。
	Jacob	ジェイコブ	ヤコブ	イサクの2男だが兄エサウから長男の権利を奪う。母はリベカ。
	Israel	イズリアル／イズレイアル	イスラエル	神によるヤコブの改名。イスラエル民族の祖。
	Esau	イーソー	エサウ	ヤコブの兄。エドム人の祖。
	Rachel	レイチェル	ラケル	ヤコブの妻。父はラバン、妹はレア。

巻	英　語	英語読み	日本語聖書 (新改訳)表記	備　　　考
創世記	Leah	リーア	レア	ヤコブの妻でラケルの姉。
	Reuben	ルーベン	ルベン	ヤコブの長男。母はレア。以下イスラエル12部族の族長。
	Simeon	シメオン	シメオン	ヤコブの2男。母はレア。
	Levi	リーヴァイ	レビ	ヤコブの3男。母はレア。
	Judah	ジュダ	ユダ	ヤコブの4男。母はレア。
	Dan	ダン	ダン	ヤコブの5男。母はラケルの女奴隷ビルハ。
	Naphtali	ナフタリ	ナフタリ	ヤコブの6男。母は同じくビルハ。
	Gad	ガド	ガド	ヤコブの7男。母はレアの女奴隷ジルパ。
	Asher	アシャー	アシェル	ヤコブの8男。母は同じくジルパ。
	Issachar	イッサカー	イッサカル	ヤコブの9男。母はレア。
	Zebulun	ゼビュルン	ゼブルン	ヤコブの10男。母はレア。
	Joseph	ジョーセフ／ジョーゼフ	ヨセフ	ヤコブの11男。母はラケル。
	Benjamin	ベンジャミン	ベニヤミン	ヤコブの12男。母はラケル。
	Dinah	ダイナ	ディナ	ヤコブとレアの娘。
	Onan	オーナン	オナン	ユダの2男。兄のため子をつくるのを拒む。オナニーの語源。
	Tamar	テイマー	タマル	ユダの長男エルの妻。夫の死後2男オナンの妻に。
出エジプト記	Pharaoh	フェイロー	ファラオ	エジプトの王。モーセを迫害する。
	Moses	モーゼズ／モーゼス	モーセ	出エジプトのリーダー。神より「十戒」を授かる。
	Aaron	アーロン／エアロン	アロン	モーセの兄で口下手の彼の"スポークスマン"。
	Miriam	ミリアム	ミリアム	モーセの姉で女預言者。
	Jethro	ジェスロ	イテロ	モーセの舅〈しゅうと〉。
民数記	Balaam	ベイラム	バラム	ペトル人の占い師でイスラエルを呪う代わりに祝福する。
	Balak	ベイラク	バラク	バラムにイスラエルを呪わせようとしたモアブの王。
ヨシュア記	Joshua	ジョシュア	ヨシュア	モーセの後継者で"約束の地"カナンに民を導く。
	Rahab	レイハブ	ラハブ	エリコの遊女。イスラエルの斥候を助ける。
	Caleb	ケイラブ	カレブ	ヨシュアと共にカナン入国した出エジプト生き残りの信仰の勇士。
	Achan	エイカン	アカン	エリコ攻略の略奪品を私物化して殺される。
士師記	Ehud	エフード	エフデ	士師の一人で左利き。モアブの王を策略で殺害。
	Deborah	デボラ	デボラ	4人めの士師で女預言者。

巻	英 語	英語読み	日本語聖書 (新改訳)表記	備　　考
士師記	Barak	バラク	バラク	デボラと共に活躍したイスラエルのリーダー。
	Gideon	ギデオン	ギデオン	ミディアン人を破った士師。40年間統治。
	Jephthah	ジェフタ	エフタ	士師の一人でギルアデ出身。
	Samson	サムスン	サムソン	怪力の士師。ペリシテの女デリラと恋に落ちる。
	Delilah	ディライラ	デリラ	サムソンを誘惑して力の秘密をつかむ。
ルツ記	Naomi	ネイオ(ー)ミ(ー)／ネイオ(ー)マイ	ナオミ	ルツの義母。
	Ruth	ルース	ルツ	モアブ人の女で、義母と共にイスラエルに帰国。
	Boaz	ボーアズ	ボアズ	ナオミの親戚。ルツと結婚し、ダビデ王家の祖となる。
Ⅰサムエル記	Samuel	サミュエル	サムエル	預言者。民の要求をのんだ神の命令により、サウル、次いでダビデを王に任命する。
	Hannah	ハナ	ハンナ	サムエルの母。不妊だったが、祈って授かった子を神にささげる。
	Eli	イーライ	エリ	祭司。サムエルを神殿で育てる。
	Saul	ソール	サウル	イスラエル初代の王。のちに神に背く。
	Jonathan	ジョナサン	ヨナタン	サウルの長男。ダビデの親友。のちに父と共に戦死。
	Jesse	ジェシ	エッサイ	ダビデの父。
	David	デイヴィッド	ダビデ	羊飼いからイスラエル2代めの王に。イエス・キリストの祖。
	Goliath	ゴライアス	ゴリヤテ	ペリシテ人の巨人。少年ダビデに倒される。
	Michal	マイカル	ミカル	サウルの娘でダビデの妻の一人。不妊。
	Nabal	ネイベル	ナバル	のちにダビデの妻となったアビガイルの夫。
	Abigail	アビゲイル	アビガイル	ダビデの妻の一人となった聡明な女性。
	Abner	アブナー	アブネル	サウル軍団の将軍。のちにヨアブに殺される。
Ⅱサムエル記	Absalom	アブサロム	アブサロム	ダビデの3男。のちに父に背き殺される。
	Joab	ジョアブ	ヨアブ	イスラエル軍団の将軍。のちにソロモンに殺される。
	Mephibo-sheth	メフィボシェス	メフィボシェテ	ヨナタンの子。ダビデに仕える。足に障害。
	Bathsheba	バスシーバ	バテ・シェバ	ウリヤの妻。ダビデに犯され妻となりソロモンを生む。
	Uriah	ユライア	ウリヤ	バテ・シェバの夫。ダビデの策略で前線で戦死。

巻	英語	英語読み	日本語聖書(新改訳)表記	備　考
II サムエル記	Nathan	ネイサン	ナタン	預言者。ダビデの姦淫の罪を責める。
	Amnon	アムノン	アムノン	ダビデの長男。異母妹タマルを犯し、その兄アブサロムに殺される。
	Solomon	ソロモン	ソロモン	バテ・シェバの産んだ3代めの王。神からの知力でイスラエルを同国史上、最も繁栄させた。
I II 列王記・歴代誌	Adonijah	アドナイジャ	アドニヤ	ソロモンの異母兄。彼との覇権争いで殺される。
	Queen of Sheba	クィーン・オヴ・シーバ	シェバの女王	名声高いソロモンに会うためアラビアのシェバから訪問。
	Jeroboam	ジェロボアム	ヤロブアム	ソロモンの死後、クーデターで北王国イスラエル(10部族)の王に。
	Elijah	イライジャ	エリヤ	北イスラエル王国の預言者。悪王アハブと戦う。神により昇天。
	Rehoboam	レハボアム	レハブアム	王国4代めの王。民に重税を課し、王国分裂を招く。
	Elisha	イライシャ	エリシャ	エリヤの弟子で北イスラエルの預言者。
	Ahab	エイハブ	アハブ	北イスラエル7代めの悪王。預言者エリヤと対決。
	Jezebel	ジェゼベル	イゼベル	シドンの王女。アハブと結婚し、偶像礼拝を持ちこむ。
	Jehosha-phat	ジェホシャファット	ヨシャファテ	南王国ユダ4代めの王。善政を敷く。
	Naaman	ネイアマン	ナアマン	シリアの将軍。エリヤにより奇跡的に重い皮膚病を癒やされる。
	Ahaziah	エイハザイア	アハズヤ	北王国イスラエル8代めの王。南王国ユダ6代めの王(別人)。
	Jefu	ジーヒュー	エフー	北王国イスラエル10代めの王。北王国最長統治。
	Joash	ジョアシュ	ヨアシュ	北王国イスラエル12代め、南王国ユダ8代めの王(別人)。
	Amaziah	アマザイア	アマツヤ	南王国ユダ9代めの王。
	Hezekiah	ヘゼカイア	ヒゼキヤ	南王国ユダ13代めの善王。
エズラ	Ezra	エズラ	エズラ	南王国の祭司・学者。バビロン捕囚からの第2回帰還のリーダー。
ネヘミヤ	Nehemiah	ニーヘマイア	ネヘミヤ	バビロンによる捕囚から帰還。のちのエルサレムの総督。
エステル	Esther	エスター	エステル	ペルシア王アハシュエロス(クセルクセス)の王妃。同胞ユダヤ人を虐殺から救う。

巻	英語	英語読み	日本語聖書 (新改訳)表記	備　　考
エステル	Haman	ヘイマン	ハマン	アハシュエロス王の首長。悪事が露見し殺される。
	Mordecai	モーデカイ	モルデカイ	エステルのおじ。エステルを励まし、王に進言させる。
ヨブ記	Job	ジョブ	ヨブ	義人。サタンに物心両面で苦しめられるが、神への信仰で耐え抜く。
	Jemimah	ジェマイマ	エミマ	ヨブの娘。
箴言	Lemuel	レミュエル	レムエル	マサの王。
イザヤ	Isaiah	アイゼイア／アイザイア	イザヤ	イスラエルの大預言者。メシアの誕生と苦難を預言 。
エレミヤ	Nebuchad-nezzar	ネブカドネザー	ネブカドネツァル	バビロン帝国最大の王。エルサレムを攻略。
	Jeremiah	ジェレマイア	エレミヤ	バビロン捕囚期の南王国ユダの祭司・預言者。
	Cyrus	サイラス	キュロス	バビロンを倒したペルシアの王。捕囚帰還を許す。
エゼキエル	Ezekiel	イジーキエル	エゼキエル	エレミヤと同時代の祭司・預言者。エルサレム滅亡を預言。
ダニエル書	Daniel	ダニエル	ダニエル	捕囚時、バビロン、ペルシア宮廷に仕えた預言者。
	Shadrach	シャドラク	シャデラク	ダニエルの3人の友人の1人。偶像礼拝を拒否。火に投げ込まれたが守られた。
	Meshach	ミシャク	メシャク	同上。
	Abednego	アベドネゴ	アベデ・ネゴ	同上。
小預言書	Hosea	ホージーア／ホゼイア	ホセア	
	Joel	ジョエル	ヨエル	
	Amos	エイモス	アモス	
	Obadiah	オーバダイア	オバデヤ	
	Jonah	ジョーナ	ヨナ	
	Micah	マイカ	ミカ	5−8世紀B.C.のアッシリア・バビロン捕囚期の預言者(全12人)。
	Nahum	ネイハム	ナホム	
	Habakkuk	ハバカック	ハバクク	
	Zephaniah	ゼファナイア	ゼパニヤ	
	Haggai	ハギアイ／ハゲイアイ	ハガイ	
	Zechariah	ゼカライア	ゼカリヤ	
	Malachi	マラカイ	マラキ	

巻	英 語	英語読み	日本語聖書 (新改訳) 表記	備 考
			<新約聖書の人物>	
福音書	Joseph	ジョーセフ／ ジョーゼフ	ヨセフ	マリアの夫で大工。
	Mary	メアリー	マリア	聖霊による処女懐胎でイエスを産む。
	Jesus	ジーザス	イエス	人として生まれた神の子。十字架で贖罪〈しょくざい〉の死を遂げる。
	Herod the king	キング・ヘロッド	ヘロデ王	イエス誕生時のイドマヤ人の大王でユダヤを支配。
	John The Baptist	ジョン・ザ・バプティスト	バプテスマのヨハネ	旧約最後の預言者。キリストであるイエスへの回心を説く。
	Elizabeth	エリザベス	エリサベツ	マリアの親戚。バプテスマのヨハネの母。
	Zechariah	ザカライアス	ザカリヤ	祭司でエリサベツの夫。バプテスマのヨハネの父。
	Anna	アナ	アンナ	女預言者。待ち望んだキリストの誕生を目撃。
	Simon Peter	サイモン・ピーター	シモン・ペテロ	ガリラヤの漁師でイエスの十二弟子の筆頭。
	Andrew	アンドルー	アンデレ	ペテロの兄で漁師。十二弟子。
	James	ジェイムズ	ヤコブ	ガリラヤの漁師でヨハネの兄。十二弟子。
	John	ジョン	ヨハネ	ガリラヤの漁師でヤコブの弟。最年少の十二弟子。福音書著者。
	Philip	フィリップ	ピリポ	十二弟子。
	Bartholomew	バーソロミュー	バルトロマイ	十二弟子。ピリポによってイエスのもとに来る。
	Nathanael/ Nathaniel	ナサナエル／ ナサニエル	ナタナエル	十二弟子。(ヨハネの福音書のみに登場。多分バルトロマイの別名)
	Thomas	タマス	トマス	十二弟子。懐疑者だが、復活のイエスに会い信じる。
	Matthew	マシュー	マタイ	十二弟子。取税人。親ローマ分子。
	James the son of Zebedee	ジェイムズ・サン・オヴ・ゼベディー	ゼベダイの子ヤコブ	十二弟子。もう一人のヤコブ。
	Thaddaeus	サディ(一)アス	タダイ	十二弟子。
	Judas the son of James	ジュード・サン・オヴ・ジェイコブ	ヤコブの子ユダ	十二弟子。(ルカの福音書のみに登場。多分タダイの別名)
	Simon the Zealot	サイモン・ザ・ジーロット	熱心党員シモン	十二弟子。反ローマ分子。
	Judas Iscariot	ジュダス・イスカリオット	イスカリオテのユダ	十二弟子。イエスを裏切りローマ官憲に売る。
	Pilate	パイレイト	ピラト	ローマ総督。イエス処刑の許可を与える。

巻	英語	英語読み	日本語聖書 (新改訳) 表記	備考
福音書	Mary Magdalene	メアリー・マグダリーン	マグダラのマリア	イエスに7つの悪霊を追い出された女。
	Martha	マーサ	マルタ	ベタニア村のマリアとラザロの姉。
	Mary	メアリー	マリア	マルタの妹。姉と共にイエスをもてなす。
	Lazarus	ラザラス	ラザロ	マルタの弟。イエスによってよみがえる。
	Zacchaeus	ザキ（一）アス	ザアカイ	エリコの金持ちの取税人。イエスに出会い回心。
	Nicodemus	ニコデイモス	ニコデモ	律法学者。イエスに出会い、回心。
	Barabbas	バラバス	バラバ	強盗。イエスの代わりに処刑を免れる。
	Mark	マーク	マルコ	福音書著者。
	Luke	ルーク	ルカ	異邦人の医者で福音書と「使徒の働き」の著者。
使徒の働き・手紙	Matthias	マサイアス	マッティア	イスカリオテのユダの代わりに十二弟子に選ばれる。
	Ananias	アナナイアス	アナニア	初代教会信徒。献金を偽り、神の怒りに触れ死亡。
	Sapphira	サッファイラ	サッピラ	アナニアの妻。夫と共謀し、死亡。
	Lydia	リディア	リディア	テアテラ市の紫布商人。パウロにより回心。
	Phoebe	フィービー	フィベ	ケンクレア教会の執事。パウロをもてなす。
	Julia	ジューリア	ユリア	ローマ教会の信者。パウロの「ローマ人への手紙」に名が出る。
	Chloe	クローエ	クロエ	コリント教会のギリシア人女性信徒。
	Eunice	ユーニス	ユニケ	敬けんなキリスト者でテモテの母。
	Timothy	ティモシー	テモテ	リステラ出身の青年。パウロによって回心。
	Linus	ライナス	リノス	ローマ教会の信者。パウロの「テモテへの手紙」に名が出る。
	Clement	クレメント	クレメンス	ピリピ教会の信者。パウロの「ピリピ人への手紙」に名が出る。
	Urbanus	アーバナス	ウルバノ	ローマ教会の信者。パウロの「ローマ人への手紙」に名が出る。
	Julius	ジュリアス	ユリウス	パウロをローマへ護送したローマの百人隊長。
	Felix	フェリクス	フェリクス	ローマから派遣されたユダヤ総督。パウロを裁く。
	Stephen	スティーヴン	ステパノ	エルサレム教会の7執事の筆頭で教会の最初の殉教者。
	Saul/Paul	ソール／ポール	サウロ／パウロ	初代教会最大の宣教者。復活のキリストに会い回心。（サウロは初期のユダヤ名）

巻	英　語	英語読み	日本語聖書 (新改訳)表記	備　　考
	Barnabas	バーナバス	バルナバ	パウロの第1次伝道旅行のパートナー。"慰めの子"という意味の名。
	Cornelius	コーニリウス	コルネリウス	カイサリアのローマ軍百人隊長。ペテロにより回心。
	Silas	サイラス	シラス	パウロの第2次伝道旅行のパートナー。別名シルワノ。
	Aquila	アクィラ	アキラ	ポントスの信者。妻プリスキラと共にパウロの伝道を支援。
	Priscilla	プリシラ	プリスキラ	ポントスの信者。夫アキラと共にパウロの伝道を支援。
	Festus	フェスタス	フェストゥス	フェリクスの後任のユダヤ総督。パウロを裁いた。
	Agrippa the king	キング・アグリッパ	アグリッパ王	ヘロデ・アグリッパ2世。大王の曾孫。
	Eutychus	ユーティカス	ユテコ	トロアスの若者。2階から墜落死するがパウロにより蘇生。
	Titus	タイタス	テトス	ギリシア人。パウロにより回心。
	Philemon	ファイリモン	ピレモン	コロサイの裕福な信者。パウロにより回心。
	Alexander	アリグザンダー	アレクサンドロ	イエスの十字架を担いだクレネ人シモンの息子。
	Rufus	ルーファス	ルフォス	同上。アレクサンドロの兄弟。
	Claudia	クローディア	クラウディア	ローマ教会の女性信者。

（1）礼拝 Worship/ Worship Service/ Sunday Service/ Sunday Worship/ Morning Service

英　　文	日本語訳	摘　　要
Prelude	前奏	
Call to Worship	招詞〈しょうし〉	礼拝への招きの聖句朗読。
Hymn/ Hymnal/ Praises 　Opening Praise 　Special Music 　Choir	賛美 　開会の賛美 　特別賛美 　聖歌隊	
Prayer 　Opening Prayer 　Closing Prayer	祈祷 　開会（の）祈祷 　閉会（の）祈祷	
Responsive Reading	交読文	聖句を司会者・会衆が交互に読む。
Testimony	証し	信仰の体験談。
Lord's Prayer	主の祈り	出席者一同で声を出して祈る。
Apostle's Creed	使徒信条	出席者一同で唱える。
Bible/ Scripture Reading	聖書朗読	司会者・指定朗読者が読む。
Exhortation	奨励	短い説教・信仰上の励まし。
Sermon/ Message	説教／メッセージ	
Offering 　Tithe/ One-tenth	献金 　什一〈じゅういち〉献金	月に1度、収入の10分の1をささげる。
(Holy) Communion/ Communion Service	聖さん／聖さん式	バプテスマ（洗礼）と並ぶ2大礼典。
Breaking the Bread	パンを割く	キリストのからだを象徴するパンを配るために割く。
Distribution	配さん／分さん	割かれたパンを会衆に配る。
Pass the Cup	杯を回す	キリストの血潮を象徴するブドウ酒（液）を回し飲みする（杯を個々に配る場合も）。
Doxology	頌栄〈しょうえい〉	礼拝最後に神に栄光を帰する賛美歌。
Benediction	祝祷	礼拝最後の牧師による三位一体の神の祝福を求める祈り。
Postlude	後奏	
Welcome	歓迎	新来会者、ゲストを歓迎することば。
Announcements	報告	信徒消息、行事案内等の報告。
Evening Service	夕礼拝／夕拝	

（2）結婚式 Wedding/ Marriage

英　　文	日本語訳	摘　　要
Prelude	前奏	
Greetings	あいさつ／開式の辞	
Opening Song	賛美歌	聖歌隊 (Choir) による。

Entrance of Bridesmaid　ブライドメイド入場
司式者 (牧師・神父)、新郎 (Bride)、ベストマン (Best man　新郎の友人や兄弟で新郎の付き人) が待機する。リングボーイ (Ring boy　指輪を運ぶ役目の男の子) がいる場合もある。ブライドメイド (Bridesmaid　新婦の友人や姉妹で、新婦の付き人) が奏楽に合わせバージンロード (Virgin road) を先行入場。その前をフラワーガール (Flower girl　カゴから花をまく幼い女の子) が行く場合も。

Processional	新婦 (Bride) 入場	新婦の父がエスコート。
Congregational Hymn	会衆賛美	
Prayer	祈祷／祈り	
Scripture Reading	聖書朗読	エペソ5:22-33、Ⅰペテロ3:1-7など。
Message	メッセージ／説教	上記聖句に基づく。

Invocation　結婚式への招詞〈しょうし〉
We are gathered here today to celebrate with and as they proclaim their love and commitment to the world. We are gathered to rejoice, with and for them, in the new life they now undertake together.
私たちは今日、新郎新婦が広く人々に、互いへの愛と献身を宣言するこの結婚式を祝うために集いました。私たちは、このお二人が、これから築こうとしている新生活を、共に喜び合うために集ったのです。

Exchange of Vows 誓約(以下を、最初に新郎に、次に新婦に誓わせる。)
- (name of bridegroom/ bride), you have taken (name of bride/bridegroom) to be your wife (husband). Do you promise to love her (him), comfort her (him), honor and keep her (him), in sickness and in health; and, forsaking all others, to be faithful to her (him) as long as you both shall live?
- I do.
-(新郎／新婦の名)兄弟／姉妹、あなたは今、この女子(男子)と結婚し、妻(夫)にしようとしています(夫〈妻〉になろうとしています)。あなたは、病の時も、健やかな時も、常に妻 (夫) を愛し、慰め、敬い、養い、命の日の限り、他の何者をも顧みず、あなたの妻(夫)に対して堅く節操を守ることを約束しますか？
-はい、約束します。

Exchange of Rings	指輪の交換	
Invocation of Blessing	祝福の祈り	

Proclamation　宣言
By the authority committed unto me as a Minister of the Church of Christ, I declare that ＿＿＿ and ＿＿＿ are now Husband and Wife, according to the ordinance of God, in the name of the Father, and of the Son, and of the Holy Spirit.
Whom therefore God has joined together, let no one put asunder. Amen
キリストの教会の牧師として与えられた権限により、私は今、(新郎名)と(新婦名)は、神が合わせられた夫婦であることを、父と子と聖霊の御名〈みな〉によって宣言いたします。神が合わせられたものを、人は離してはなりません。アーメン。〈マタイ19:6参照〉

Hymn	賛美	
Benediction	祝祷	
Recessional	新郎・新婦退場	

（3）告別式・葬式　Funeral（前夜式 Vigil Service）

英　　文	日本語訳	摘　　要
Prelude	前奏	
Silent Prayer	黙祷	
Opening Prayer	祈り	
Hymn	賛美	
Eulogy	追悼の言葉	
Message	メッセージ／説教	
Hymn	賛美	
Closing Prayer	祈り	
Postlude	後奏	
Paying of respect to the deceased	対面	棺の中の故人に別れを告げる。
Offering flowers	献花	遺影の前に花を置く。

＜祈りの例＞Burial prayer 埋葬の祈り
Forasmuch as it hath pleased Almighty God of his great mercy to take unto himself the soul of our dear brother here departed, we therefore commit his body to the ground; earth to earth, ashes to ashes, dust to dust; in sure and certain hope of the Resurrection to eternal life, through our Lord Jesus Christ; who shall change our vile body, that it may be like unto his glorious body, according to the mighty working, whereby he is able to subdue all things to himself.
大いなるあわれみに富みたもう全能の神の喜びたもうところにより、今この世を去った我らが愛する兄弟の魂をご自身にお返しするに当たり、私たちは、主イエス・キリストを通し、永遠のいのちによみがえる確かな希望のうちに、その体を地に、土を土に、灰を灰に、ちりをちりに委ねます。キリストは、私たちの汚れた体を、力あるお働きにより、その栄光のからだと同じ姿に変えてくださり、それによってすべてのものをご自身に従わせることがおできになります。〈Ⅰコリント15:50-58、Ⅱコリント3:18、Ⅰテサロニケ4:13-18、黙示録20:12,13参照〉

なお、仏式では「通夜」にあたる葬儀前夜の別れの儀式は、キリスト教式では「前夜式」といい、英語ではwakeという。内容は葬儀とほぼ同じ。

※礼拝、結婚式、葬式の式文は教派によってバリエーションがあり、上記の日本語訳と異なる場合がある。

14 ◆ 教会の系譜

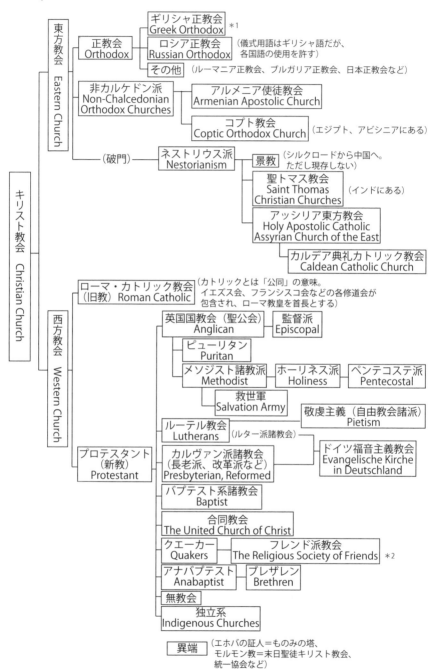

キリスト教会　Christian Church

東方教会　Eastern Church

正教会 Orthodox
- ギリシャ正教会 Greek Orthodox ＊1
- ロシア正教会 Russian Orthodox （儀式用語はギリシャ語だが、各国語の使用を許す）
- その他 （ルーマニア正教会、ブルガリア正教会、日本正教会など）

非カルケドン派 Non-Chalcedonian Orthodox Churches
- アルメニア使徒教会 Armenian Apostolic Church
- コプト教会 Coptic Orthodox Church （エジプト、アビシニアにある）

（破門）ネストリウス派 Nestorianism
- 景教 （シルクロードから中国へ。ただし現存しない）
- 聖トマス教会 Saint Thomas Christian Churches （インドにある）
- アッシリア東方教会 Holy Apostolic Catholic Assyrian Church of the East
  - カルデア典礼カトリック教会 Caldean Catholic Church

西方教会　Western Church

ローマ・カトリック教会（旧教）Roman Catholic （カトリックとは「公同」の意味。イエズス会、フランシスコ会などの各修道会が包含され、ローマ教皇を首長とする）

プロテスタント（新教）Protestant
- 英国国教会（聖公会）Anglican — 監督派 Episcopal
- ピューリタン Puritan
- メソジスト諸教派 Methodist — ホーリネス派 Holiness — ペンテコステ派 Pentecostal
- 救世軍 Salvation Army
- 敬虔主義（自由教会諸派）Pietism
- ルーテル教会 Lutherans （ルター派諸教会）
- カルヴァン派諸教会（長老派、改革派など）Presbyterian, Reformed — ドイツ福音主義教会 Evangelische Kirche in Deutschland
- バプテスト系諸教会 Baptist
- 合同教会 The United Church of Christ
- クエーカー Quakers — フレンド派教会 The Religious Society of Friends ＊2
- アナバプテスト Anabaptist — ブレザレン Brethren
- 無教会
- 独立系 Indigenous Churches

異端 （エホバの証人＝ものみの塔、モルモン教＝末日聖徒キリスト教会、統一協会など）

日本に来ているのはほとんど西方教会。東方教会系は、神田のニコライ堂で知られる正教会だけで、しかも比率としてごく少数なのは、日露戦争の影響もあるかもしれない。

左図のプロテスタント系は、大きな枝だけを示した。それぞれがさらに幾つにも枝分かれしているので、教派数としては、大小合わせて軽く100を超える。

【映画に登場する教派】

＊１：ギリシャ正教が映画に登場するのはまれだが、「マイ・ビッグ・ファット・ウェディング」(2002)はギリシャが舞台だから、当然教派もギリシャ正教で、タイトルのごとく、ギリシャ正教会での結婚式は興味深い。

＊２：クエーカーの流れをくむフレンド派のクリスチャンは、古くは「ヨーク軍曹」(1941)に登場する。第1次世界大戦で敵ドイツ軍1師団を殺さずに丸ごと捕虜にした実在人物が主人公の戦争映画だったが、このエピソードが物語るように、「クエーカー／フレンド派」は、絶対平和主義で、「十戒」の第六戒「殺してはならない」を厳守し、そのため良心的兵役拒否もする。主人公のヨークが、いよいよ戦地に行くことになって、軍を辞めるかどうか悩み、独り山に登って、「従うのは神か？　国か？」と祈るシーンは印象的だった。フレンド派のクリスチャンは西部劇にも登場する。「真昼の決闘」(1952)と「友情ある説得」(1956)で、偶然にもどちらもゲイリー・クーパー主演。前者は町に帰ってきたならず者との宿命の対決、後者は南北戦争の敵味方の対決を前に苦悩する、どちらも物静かで一本筋の通った主人公には、彼がぴったりだった。

＊このほかにも、P120 〜の「キリスト教映画リスト」の「教派」の欄にある教派を、この「教会の系譜」で確認すると、さらに理解が深まるだろう。

教派(Denomination)	呼称別(○名字△名)		
Protestant プロテスタント	hierarchy 職位		
	clergy/ministry 職務		
	敬称・呼称	書簡の宛て書き	
		口頭の呼びかけ	
		会話での言及	
Anglican 聖公会	hierarchy 職制		the Church of England 英国国教会 (首長は国王=エリザベス女王)
			Episcopal Church in America 米国聖公会
	clergy/ministry 職務		The Anglican-Episcopal Church in Japan 日本聖公会
	集合職務		
	敬称・呼称	書簡の宛て書き	
		口頭の呼びかけ	
		会話での言及	

職位(hierarchy) 職務(ministry) 呼称			
	Senior Minister →	(Associate) Minister →	Assistant Minister
	Senior Pastor	(Associate) Pastor	Assistant Pastor
	主任牧師／教師	牧師／教師 Presbytery/Elder 宣教長老	副牧師／教師
	Minister/Clergyman/Priest		
	教職(者)／教役者／聖職(者)／牧師		
	Rev. △○ ○△先生	Rev. △○ ○△先生	Rev. △○ ○△先生
	Reverend (○), Pastor (△) 牧師さん／ (○)(牧師)先生	Reverend (○), Pastor (△) 牧師さん／ (○)(牧師)先生	Reverend (○), Pastor (△) 牧師さん／ (○)(牧師)先生
	the Reverend ○ ○牧師／先生	the Reverend ○ ○牧師／先生	the Reverend ○ ○牧師／先生
(各国)			
Archbishop of Canterbury →	Bishop →	Priest →	Deacon/ Deaconess
カンタベリー大主教 (世界の聖公会の最上席) ↓	主教	司祭	執事／牧師補
Archbishop of York			
ヨーク大主教(英国国教会の次席)			
Presiding Bishop →	Suffragan Bishop		
総裁主教	補佐(属)主教		
Primate		Parson →	Curate
首座主教		Rector	副牧師
		Vicar	伝道師(叙階前)
		(教区)牧師	
	Clergyman/Clerk		
	教職(者)／教役者／聖職(者)／奉仕職		
The Most Reverend and Right Honourable the Lord Archbishop of Canterbury/York △○ ○△先生	The Right Reverend and Right Honourable the Lord Bishop of London △○ ○△先生	Rev. △○ ○△先生	Rev. △○ ○△先生
Your Grace/ Archbishop (○) (○)(牧師)先生	Bishop (○) (○)(牧師)先生	Reverend (○) 牧師さん／ (○)(牧師)先生	Reverend (○) 牧師さん／ (○)(牧師)先生
The Archbishop (of Canterbury/York)○ ○牧師	The Bishop (of London) ○ ○牧師／先生	the Reverend ○ ○牧師／先生	the Reverend ○ ○牧師／先生

教派 (Denomination)	呼称別(○名字△名)				
Roman Cathoric ローマ・カトリック	order/ ordained ministry 位階		Pope 教皇 =ローマ司教／大司教 イタリア首座大司教 西ヨーロッパ総大司教	→	Cardinal 枢機卿 ●司祭：教区に籍を置いて小教区(教会)で暮らす教区司祭(在俗司祭)と、修道会に属して修道院で暮らす修道司祭に分けられる。 →
	clergy/ministry 職務				
	敬称・呼称	書簡の宛て書き	His Holiness the Pope 聖下(日本政府の呼称は台下。慣用では猊下[げいか])	大司教	His Eminence the Cardinal Archbishop of 大司教区名　猊下
				司教	His Eminence the Cardinal Archbishop of 司教区名　猊下
				他	His Eminence/Cardinal △○ ○△猊下
				公式	His Eminence/Cardinal △○ ○△猊下
			(Monsignor　高位聖職者への尊称。発音はモンシニーア)		
		口頭の呼びかけ	Your Holiness 聖下(慣用で猊下)		Your Eminence/Cardinal (○) (○)猊下
		会話での言及	His Holiness/The Pope 聖下(慣用で猊下)		His Eminence/Cardinal ○ ○猊下

職位 (hierarchy) 職務 (ministry) 呼称

Archbishop	→	Bishop	→	Archpriest	→	Archdeacon
大司教		司教		主席 (司教代理) 司祭		助祭長 (司教代理)
		(叙階式＝司教		↓		↓
		以下の任命、		Rector		Deacon
		堅信式の執行)		主任司祭		助祭
				↓		↓
		Confessor		Priest		Subdeacon
		聴聞司祭		司祭		副助祭
				↓		↓
				Curate		Acolyte
				助任司祭		侍祭

聖職／祭司職／教役者

高位聖職者		下位聖職者	
The Most Reverend (Rev.) △○ Archbishop of 大司教区 ○△大司教様			
	His Lordship the Bishop of 司教区 △○ ○△司教様		
His Grace Archnishop of 大司教区 △○ ○△大司教様	The Right Reverend △○, Bishop of 司教区 ○△司教様	Father(Fr.) △○ ○△神父様	Father(Fr.) △○ ○△神父様
The Most Reverend (Rev.)Archbishop △○ ○△大司教様	The Right Reverend Bishop △○ ○△司教様	The Reverend(Rev.) △○ ○△司祭様	The Reverend(Rev.) △○ ○△助祭様
Mgr./Msgr. △○　○△大司教様/司教様 The Rev. Msgr. △○ (教皇に仕える司祭) ○△司祭様			
Your Grace/ Archbishop (○) (○)大司教様	My Lord (Bishop)/ Bishop (○) (○)司教様	Father (○) (○)神父様	Father (○) (○)神父様
Monsignor (○) モンシニョル(○)／(○)大司教様／司教様			
His Grace/ The Archbishop (of大司教区) ○ ○大司教	His Lordship/ The Bishop ○ ○司教	The Reverend(Rev.)/ Father(Fr.) ○ ○司祭	The Reverend(Rev.)/ Father(Fr.) ○ ○助祭
Monsignor ○ モンシニョル○／○大司教／司教			

教派 (Denomination)	呼称別(○名字△名)			
Authodox (Greek/Russian) 正教会	order/ ordained ministry 位階	エキュメニカル総主教 ① Ecumenical Patriarch （コンスタンチノープル総主教） ↓ ② Patriarch 総主教 Exarch 総主教代理	→ Metropolitan Bishop 府主教 ●司祭：教区に籍を置いて小教区（教会）で暮らす教区司祭（pope在俗司祭）と、修道会に属して修道院で暮らす修道司祭に分けられる。	
	clergy/ministry			
	clergy/ministry 職務			
	敬称・呼称	書簡の宛て書き	① Ecumenical Patriarch △○ ○△ 聖下	
			② Patriarch △○ ○△ 聖下	
		口頭の呼びかけ	① Your All-Holiness (○) (○)聖下	Your Eminence ○ ○座下
			② Your Beatitude/ Your Holiness (○) (○) 聖下	
		会話での言及	① His All-Holiness ○ ○聖下	His Eminence ○ ○座下
			② His Beatitude/ His Holiness ○ ○聖下	

①聖職者の呼び方には、大きく2つの種類がある。1つは階層制 hierarchy による呼び方で、プロテスタントでは「職位」、聖公会では「職制」、ローマ・カトリックと正教会では「位階」と言う。もう1つは、職務 clergy/ministry としての呼び方で、それぞれの教派がすべての階層を通じて呼ぶ名前のこと。

②これらの聖職者に対する呼びかけも、階層が幾つにも分かれているローマ・カトリックや正教会では、相手の階層に応じて変化する。

③聖書に出てくる初代教会の職位については I コリント 12:28、エペソ 4:11 が言及しており、総合すると、使徒-預言者-伝道者-牧師・教師となる。聖書に「牧師」と出てくるのは、このエペソ 4:11 だけである（4 世紀にローマで国教化されたローマ・カトリックの「司教・司祭」などは、当然ながら聖書に出てこない）。

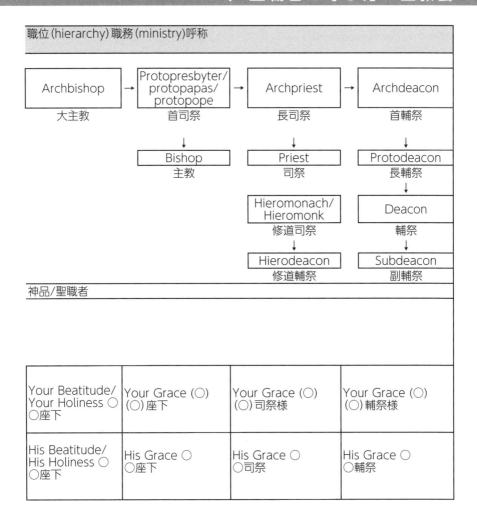

職位 (hierarchy) 職務 (ministry) 呼称

Archbishop	Protopresbyter/ protopapas/ protopope	Archpriest	Archdeacon
大主教	首司祭	長司祭	首輔祭
	Bishop	Priest	Protodeacon
	主教	司祭	長輔祭
		Hieromonach/ Hieromonk	Deacon
		修道司祭	輔祭
		Hierodeacon	Subdeacon
		修道輔祭	副輔祭

神品/聖職者

Your Beatitude/ Your Holiness ○ ○座下	Your Grace (○) (○)座下	Your Grace (○) (○)司祭様	Your Grace (○) (○)輔祭様
His Beatitude/ His Holiness ○ ○座下	His Grace ○ ○座下	His Grace ○ ○司祭	His Grace ○ ○輔祭

④プロテスタントの職位に出てくる「(宣教) 長老」Presbytgery/Elder は、使徒 11:30、I テモテ 4:14、5:17、19 に登場する。

⑤聖公会の Bishop（主教）は、イギリス国教会の流れを汲む監督教会では、Pastor の代わりとして用いられ、日本語では「監督」と呼ばれる。聖書では、ピリピ 1：1、I テモテ 3：2 に登場する。

⑥聖公会の職制の最後にある「執事」Deacon は、ピリピ 1:1、I テモテ 3:8、に登場する。また映画では、実在のアメリカ野球選手を描いた「タイ・カップ」に出てくる。彼の少年時代の回想で、彼の父が教会で賛美歌「尊き泉あり」を歌うシーンにかぶせて、「父は教会の執事だった」と言うセリフがある。

⑦「執事」という職位は長老制、会衆制のプロテスタントでも信徒の責任体制を表す呼称として用いられる。

主なキリスト教関係映画一覧

NO.	タイトル	シリーズ	ジャンル	教派
1	13デイズ　Thirteen Days		サスペンス／ホラー	カ
2	34丁目の奇蹟　Miracle On 34th Street		ファミリー	プ
3	34丁目の奇蹟　Miracle On 34th Street	リメイク	ファミリー	プ
4	7月4日に生まれて　Born on The Fourth of July		戦争	
5	8月のメモワール　The War		ドラマ	
6	E.T.　E.T. The Extra Terrestrial		SF	
7	Mr. エンジェル／神様の賭け　Almost An Angel		コメディー	
8	NOEL　ノエル		ドラマ	
9	X-ファイル ザ・ムービー The X-Files: The Movie		サスペンス／ホラー	カ
10	アイアン・ジャイアント　Iron Giant		SF	
11	アイ・キャン・オンリー・イマジン―明日へつなぐ歌　I Can Only Imagine		ドラマ	プ
12	愛に翼を　Paradise		ロマンス	プ
13	愛の嵐　The Night Prter (Portiere Di Notte)		ドラマ	
14	赤毛のアン　Anne of Green Gables	1	ファミリー	プ
15	続・赤毛のアン・アンの青春　Anne of Green Gables-The Sequel	2	ファミリー	プ
16	秋のソナタ　Hostsonaten (Autumn Sonata)		ドラマ	プ
17	悪魔を憐れむ歌　Fallen		サスペンス／ホラー	プ
18	アザーズ　The Others		サスペンス／ホラー	
19	アジアの瞳　Os Olhos Da Asia		史劇	カ
20	アマデウス　Amadeus		人物・伝記	カ
21	アミスタッド　Amistad		史劇	
22	雨　Rain		ドラマ	
23	アメイジング・グレイス　Amazing Grace		伝記	
24	アメイジング・ジャーニー　神の小屋より　The Shack		天国と地獄	プ
25	アルマゲドン　Armageddon		SF	
26	或る夜の出来事　It Happened One Night		コメディー	
27	アンジェラの灰　Angela's Ashes		ドラマ	カ

人物・キリスト教関連事項	聖書箇所	主演	監督	製作年
ユダ		ケヴィン・コスナー	ロジャー・ドナルドソン	2000
		モーリーン・オーハラ	ジョージ・シートン	1947
		リチャード・アッテンボロー	レス・メイフィールド	1994
神の赦し、食前の祈り、葬儀、懺悔〈ざんげ〉、十戒(第6戒)	出エジプト20:13、ヨブ1:21、ヨハネ11:25	トム・クルーズ	オリヴァー・ストーン	1989
	ルカ6:27-30	ケヴィン・コスナー	ジョン・アヴネット	1995
E.T.＝キリスト	マルコ1:40、5:25-34、ルカ23:44-46	ディー・ウォーレス	スティーヴン・スピルバーグ	1982
天使		ポール・ホーガン	ジョン・コーネル	1990
		スーザン・サランドン	チャズ・パルミンテリ	2004
		デイヴィッド・ドゥカヴニー	ロブ・ボウマン	1998
	マタイ28:21	ジェニファー・アニストン	ブラッド・バード	1999
天国、あがない、赦し		マイケル・フィンレー	アンドリュー／ジョン・アーウィン	2018
		メラニー・グリフィス	メアリー・アグネス・ドナヒュー	1991
洗礼者ヨハネ	新約聖書	ダーク・ボガード	リリアーナ・カヴァーニ	1973
長老派		ミーガン・フォローズ	ケヴィン・サリヴァン	1989
長老派		ミーガン・フォローズ	ケヴィン・サリヴァン	1988
母娘の相克と赦し		イングリッド・バーグマン	イングマール・ベルイマン	1978
悪魔		デンゼル・ワシントン	グレゴリー・ホブリット	1997
主の祈り	創世3：23, 24、22：6,7,15-18	ニコール・キッドマン	アレハンドロ・アメナーバル	2001
		笈田ヨシ	J・マリオ・グリロ	1996
モーツァルト、サリエリ＝ユダ		トム・ハルス	ミロス・フォアマン	1984
イエス・キリスト		モーガン・フリーマン	スティーヴン・スピルバーグ	1997
主の祈り		ジョーン・クロフォード	ルイス・マイルストン	1932
W.ウィルバーフォース、J.ニュートン		ヨアン・グリフィズ	マイケル・アプテッド	2006
天国、赦し		サム・ワシントン	スチュアート・ヘイゼルダイン	2017
世界最終戦争	黙示録16:16	ブルース・ウィリス	マイケル・ベイ	1998
エリコの城	ヨシュア6章	クラーク・ゲイブル	フランク・キャプラ	1934
祈祷書、聖母への祈り、十戒、病者の塗油		エミリー・ワトソン	アラン・パーカー	1999

NO.	タイトル	シリーズ	ジャンル	教派
28	アンネの日記　The Diary Of Anne Frank		人物・伝記	ユ
29	アンボンで何が裁かれたか　Blood Oath		戦争	プ
30	イースター・パレード　Easter Parade		ミュージカル	
31	怒りの葡萄　The Grapes of Wrath		社会派	
32	生きてこそ　Alive		ドラマ	
33	いそしぎ　The Sandpiper		ドラマ	プ
34	偉大な生涯の物語　The Greatest Story Ever Told		史劇	
35	祈りのちから　War Room		ドラマ	プ
36	移民　The Emigrants		史劇	プ
37	依頼人　The Client		サスペンス／ホラー	
38	インディ・ジョーンズ　レイダース　失われたアーク《聖櫃》　Indiana Jones Raiders of The Lost Ark	1	アドベンチャー／ファンタジー	プ
39	インディ・ジョーンズ　最後の聖戦　Indiana Jones and The Last Crusade	3	アドベンチャー／ファンタジー	プ
40	イントレランス　Intolerance		史劇	
41	インビクタス／負けざる者たち　Invictus		スポーツ	
42	ウエスト・サイド物語　West Side Story		ロマンス	
43	ウォーク・トゥ・リメンバー　A Walk to Remember		ロマンス	
44	歌え! ドミニク　The Singing Nun		ミュージカル	カ
45	エアポート　ユナイテッド93　Flight 93		ドラマ	
46	エクソシスト　The Exorcist	1	サスペンス／ホラー	カ
47	エクソシスト　2　Exorcist 2: The Heretic	2	サスペンス／ホラー	カ
48	エクソシスト　3　The Exorcist 3	3	サスペンス／ホラー	カ
49	エクソダス　―神と王―　Exodus: Gods and Kings		史劇	ユ
50	エスピオナージ　Le Serpent		サスペンス／ホラー	
51	エデンの東　East of Eden		ドラマ	プ
52	エミリー・ローズ　The Exorcism of Emily Rose		サスペンス／ホラー	
53	エルマー・ガントリー／魅せられた男　Elmer Gantry		ドラマ	プ
54	エレファント・マン　The Elephant Man		ドラマ	プ
55	エンジェルス　Angels in The Outfield		アドベンチャー／ファンタジー	
56	エンゼル・ハート　Angel Heart		サスペンス／ホラー	

人物・キリスト教関連事項	聖書箇所	主演	監督	製作年
アンネ・フランク		ミリー・パーキンズ	ジョージ・スティーヴンズ	1959
		ブライアン・ブラウン	スティーヴン・ウォーレス	1990
イースター		フレッド・アステア	チャールズ・ウォルターズ	1948
	出エジプト記、黙示録14:17-20	ヘンリー・フォンダ	ジョン・フォード	1940
最後の晩さん		イーサン・ホーク	フランク・マーシャル	1993
長老派、処女懐胎、天使、アダムとエバ	箴言15:33、16:22、マタイ4:1、7:7	エリザベス・テイラー	ヴィンセント・ミネリ	1965
イエス・キリスト、主の祈り	四福音書、詩篇ほか	マックス・フォン・シドー	ジョージ・スティーヴンズ	1965
祈り		カレン・アバクロンビー	アレックス・ケンドリック	2015
バプテスト		マックス・フォン・シドー	ジャン・トロール	1971
	ヨハネ8:32、出エジプト21:24、箴言12:22	スーザン・サランドン	ジョエル・シューマッカー	1994
契約の箱(聖櫃〈せいひつ〉)	マルコ14:22, 23	ハリソン・フォード	スティーヴン・スピルバーグ	1981
最後の晩さん	マタイ26:26-30	ハリソン・フォード	スティーヴン・スピルバーグ	1989
バビロン	旧約聖書	リリアン・ギッシュ	D・W・グリフィス	1916
祈り、ネルソン・マンデラ		マット・デイモン	クリント・イーストウッド	2009
ピエタ(悲しみのマリア)	新約聖書	リチャード・ベイマー	ロバート・ワイズ	1961
	Iコリント13:4-8	マンディー・ムーア	アダム・シャンクマン	2002
		デビー・レイノルズ	ヘンリー・コスター	1966
主の祈り、トッド・ビーマー、9.11同時多発テロ		ジェフリー・ノードリング	ピーター・マークル	2006
主の祈り、悪魔祓〈ばら〉い	マタイ8:8、26:26、詩篇54:1-3	マックス・フォン・シドー	ウィリアム・フリードキン	1973
悪魔祓い		リチャード・バートン	ジョン・ブアマン	1977
悪魔祓い		ジョージ・C・スコット	ウィリアム・ピーター・ブラッティー	1990
モーセ、出エジプト	出エジプト記	クリスチャン・ベール	リドリー・スコット	2014
蛇	旧約聖書	ユル・ブリンナー	アンリ・ヴェルヌイユ	1973
カインとアベル	創世4:16	ジェイムズ・ディーン	エリア・カザン	1955
悪魔		ローラ・リニー	スコット・デリックソン	2005
		バートン・ランカスター	リチャード・ブルックス	1960
	詩篇23篇	ジョン・ハート	デイヴィッド・リンチ	1980
天使		ダニー・グローヴァー	ウィリアム・ディア	1994
悪魔		ロバート・デニーロ	アラン・パーカー	1987

NO.	タイトル	シリーズ	ジャンル	教派
57	エンド・オブ・デイズ　End of Days		SF	
58	オー！　ゴッド　Oh, God!	1	ファミリー	プ
59	オー！　ゴッド2　子供はこわい　Oh, God! Book II	2	ファミリー	プ
60	オー！　ゴッド3　悪魔はこわい　Oh, God! You Devil	3	ファミリー	プ
61	オーメン　The Omen	1	サスペンス／ホラー	カ
62	オーメン2／ダミアン　Damien: Omen II	2	サスペンス／ホラー	カ
63	オーメン／最後の闘争　The Final Conflict	3	サスペンス／ホラー	カ
64	オーメン4　Omen IV: The Awakening	4	サスペンス／ホラー	カ
65	オーメン　The Omen 2006	リメイク	サスペンス／ホラー	カ
66	オールウェイズ　Always		ロマンス	
67	オスカーとルシンダ　Oscar and Lucinda		ロマンス	プ
68	俺たちは天使じゃない　We're No Angels	リメイク	コメディー	
69	俺たちは天使だ　Les Anges Gardiens		コメディー	
70	鏡の中にある如く　Sasom I En Spegel (Through a glass, Darkly)		ドラマ	
71	輝きの大地　Cry The Beloved Country		ドラマ	プ
72	神の道化師、フランチェスコ　Francesco Giullare Di Dio		史劇	カ
73	神は死んだのか　God's Not Dead		ドラマ	プ
74	カモン・ヘブン！　Kingdom Come		コメディー	
75	カラーパープル　The Color Purple		ドラマ	プ
76	狩人の夜　The Night of The Hunter		サスペンス／ホラー	プ
77	華麗なる激情　The Agony And The Ecstasy		史劇	カ
78	奇跡の海　Breaking The Waves		ドラマ	プ
79	奇蹟の丘　Il Vangelo Secondo Matteo		史劇	
80	奇蹟の輝き　What Deams May Come		ドラマ	
81	奇跡の人　The Miracle worker		人物・伝記	プ
82	奇跡のひと　マリーとマルグリット　Marie Heuatin		人物・伝記	カ
83	教会に鐘は鳴る　Count Three and Pray		ドラマ	プ
84	キング・オブ・キングス　The King Of Kings		史劇	
85	キング・ダビデ　愛と闘いの伝説　King David		史劇	
86	キングダム・オブ・ヘブン　Kingdom of Heaven		史劇	
87	禁じられた遊び　Jeux Interdits (Forbidden Games)		戦争	

人物・キリスト教関連事項	聖書箇所	主演	監督	製作年
ゲイブリアル・バーン=悪魔	黙示録	アーノルド・シュワルツェネッガー	ピーター・ハイアムズ	1999
		ジョージ・バーンズ	カール・ライナー	1977
		ジョージ・バーンズ	ギルバート・ケイツ	1980
		ジョージ・バーンズ	ポール・ボーガート	1984
悪魔、結婚式、列聖式	ゼカリヤ11:17、黙示録13:19	グレゴリー・ペック	リチャード・ドナー	1976
悪魔		ウィリアム・ホールデン	ドン・テイラー	1978
悪魔 ダミアン=ヘロデ王、メギドの剣		サム・ニール	グレイアム・ベイカー	1981
悪魔		フェイ・グラント	J・モンテシ・ドミニク・O・G	1991
悪魔		リーヴ・シュレイバー	ジョン・ムーア	2006
天使、「煙が目に染みる」		リチャード・ドレイファス	スティーヴン・スピルバーグ	1989
		レイフ・ファインズ	ギリアン・アームストロング	1997
天使	ヘブル13:2	ロバート・デニーロ	ニール・ジョーダン	1989
天使		ジェラール・ドバルデュー	ジャン・マリー=ポワレ	1995
「神の沈黙」三部作①	Iコリント13:13	マックス・フォン・シドー	イングマール・ベルイマン	1961
		ジェイムズ・アール・ジョーンズ	ダレル・ジェイムズ・ルート	1995
フランチェスコ		ナザリオ・ジェラルディー	ロベルト・ロッセリーニ	1950
神の存在		シェーン・ハーパー	ハロルド・クロンク	2014
	詩篇27:10-14、伝道者2:16、Ⅱペテロ3:8	LL・クール・J	ダグ・マクヘンリー	2001
バビロン、結婚式		ウーピー・ゴールドバーグ	スティーヴン・スピルバーグ	1985
		ロバート・ミッチャム	チャールズ・ロートン	1955
ミケランジェロ		チャールトン・ヘストン	キャロル・リード	1964
		エミリー・ワトソン	ラース・フォン・トリアー	1996
イエス・キリスト	四福音書	エンリケ・イラソキ	パオロ・パゾリーニ	1964
天国と地獄	ルカ23:43	ロビン・ウィリアムズ	ヴィンセント・ウォード	1998
ヘレン・ケラー		アン・バンクロフト	アーサー・ペン	1962
マリー・ハーティン		イザベル・カレ	ジャン=ピエール・アメリス	2014
		ヴァン・ヘフリン	ジョージ・シャーマン	1955
イエス・キリスト	四福音書	ジェフリー・ハンター	ニコラス・レイ	1961
ダビデ王	旧約聖書	リチャード・ギア	ブルース・ベアズフォード	1985
十字軍、神義論		オーランド・ブルーム	リドリー・スコット	2005
十字架		ブリジット・フォッセイ	ルネ・クレマン	1951

NO.	タイトル	シリーズ	ジャンル	教派
88	クォ・ヴァディス　Quo Vadis		史劇	
89	くたばれ!ヤンキース　Damn Yankees!		ミュージカル	
90	グッバイ・ラバー　Goodbye Lover		ロマンス	プ
91	グリーンマイル　The Green Mile		ドラマ	プ
92	クリスマス・キャロル　Scrooge		ファミリー	ロ正
93	グリム・ブラザース／スノーホワイト　The Grimm Brothers' Snow White		アドベンチャー／ファンタジー	
94	クリムゾン・リバー2　黙示録の天使たち　Crimson Rivers 2: Angels Of The Apocalypse	2	サスペンス／ホラー	
95	クルーシブル　The Crucible		史劇	プ
96	敬愛なるベートーヴェン　Copying Beethoven		人物・伝記	カ
97	刑事エデン　追跡者　A Stranger Among Us		サスペンス／ホラー	ユ
98	刑事ジョン・ブック　目撃者　Witness		サスペンス／ホラー	プ
99	ケープ・フィアー　Cape Fear		サスペンス／ホラー	
100	汚れなき悪戯　Marcelino Pan y Vino		ファミリー	カ
101	汚れなき瞳　Whistle Down The Wind		ファミリー	プ
102	恋におぼれて　Addicted To Love		ロマンス	
103	ゴースト／ニューヨークの幻　Ghost		ロマンス	
104	ゴーストバスターズ　Ghostbusters		コメディー	
105	コーリング　Dragonfly		ドラマ	
106	ゴッドファーザー　The Godfather	1-3	社会派	カ
107	ことの終わり　The End of The Affair		ロマンス	プ
108	この素晴らしき世界　Musime Si Pomahat		戦争	
109	ゴルゴタの丘　Golgotha		史劇	
110	コルチャック先生　Korczak		人物・伝記	ユ
111	コンスタンティン　Constantine		SF	
112	コンタクト　Contact		SF	
113	最高の人生の見つけ方　The Bucket List		ドラマ	
114	最後の誘惑　Last Temptation of Christ		史劇	
115	最後のランナー　On Wings of Eagles		人物・伝記	

人物・キリスト教関連事項	聖書箇所	主演	監督	製作年
イエス・キリスト、ペテロ(ペトロ)		ロバート・テイラー	マーヴィン・ルロイ	1951
悪魔		タブ・ハンター	スタンリー・ドーネン	1958
		パトリシア・アークエット	ローランド・ジョフィ	1998
聖人クリストフォロス、ジョン・コーフィー=キリスト	詩篇23:1	トム・ハンクス	フランク・ダラボン	1999
クリスマス		アルバート・フィニー	ロナルド・ニーム	1970
蛇	旧約聖書	シガーニー・ウィーヴァー	マイケル・コーン	1997
十二使徒	新約聖書	ジャン・レノ	オリヴィエ・ダーン	2003
		ダニエル・デイ・ルイス	ニコラス・ハイトナー	1996
ベートーヴェン		エド・ハリス	アニエスカ・ホランド	2006
		メラニー・グリフィス	シドニー・ルメット	1992
メノナイト(アーミッシュ)		ハリソン・フォード	ピーター・ウィアー	1985
	ヨブ記	ロバート・デニーロ	マーティン・スコセッシ	1991
		パブリート・カルボ	ラディスラオ・バホダ	1955
		ヘイリー・ミルズ	ブライアン・フォーブズ	1960
主の祈り		メグ・ライアン	グリフィン・ダン	1997
悪魔、ILLUMINATI、死者の復活	詩編69:2、3、Iコリント15:52、Iテサロニケ4:16	パトリック・スウェイジー	ジェリー・ザッカー	1990
悪魔		ビル・マーレイ	アイヴァン・ライトマン	1984
		ケヴィン・コスナー	トム・シャドヤック	2002
マイケル(A.パチーノ)=天使ミカエルから、代父母		マーロン・ブランド	フランシス・F・コッポラ	1972,1974,1990
		レイフ・ファインズ	ニール・ジョーダン	1999
	新約聖書	ボレスラフ・ポリーフカ	ヤン・フジェベイク	2000
イエス・キリスト	四福音書	ジャン・ギャバン	ジュリアン・デュヴィヴィエ	1935
コルチャック		ボイチェフ・プショニャック	アンジェイ・ワイダ	1990
ルシファー(汚れし者)、滅びの子、小さな角	エゼキエル7:24、ダニエル7:8ほか、IIテサロニケ2:3	キアヌ・リーヴス	フランシス・ローレンス	2005
天地創造、十戒、エリー=パウロ	創世記1,2章、マタイ6:10、IIペテロ1:18	ジョディー・フォスター	ロバート・ゼメキス	1997
神の存在、天地創造、天国と地獄、食前の祈り	黙示録22:1,2	ジャック・ニコルソン	ロブ・ライナー	2007
イエス・キリスト	四福音書	ウィレム・デフォー	マーティン・スコセッシ	1988
エリック・リデル、安息日	出エジプト	ジョセフ・ファインズ	スティーヴン・シン	2016

NO.	タイトル	シリーズ	ジャンル	教派
116	サイモン・バーチ　Simon Birch		ドラマ	プ
117	サウンド・オブ・ミュージック　The Sound of Music		ミュージカル	カ
118	ザ・テノール　真実の物語　The Tenor Lirico Spinto		人物・伝記	プ
119	サムソンとデリラ　Samson And Delilah		史劇	
120	サラバンド　Saraband		ロマンス	プ
121	サラフィナ！　Sarafina! The Sound of Freedom		ミュージカル	
122	サルバドル 遥かなる日々　Salvador		社会派	カ
123	サレムの魔女　Le Sorcieres De Salem		史劇	カ
124	サロメ　Salome's Last Dance		人物・伝記	
125	サン・オブ・ゴッド　Son of God		史劇	
126	サンタクロース　Santa Claus: The Movie		ファミリー	プ
127	サンタクローズ　The Santa Clause		ファミリー	プ
128	幸せのポートレート　The Family Stone		ドラマ	
129	幸せへのまわり道 A Beautiful Day in The Neighborhood		ドラマ	プ
130	ジーザス　Jesus		史劇	
131	ジーザス・クライスト・スーパースター　Jesus Christ Superstar		ミュージカル	
132	ジェイコブス・ラダー　Jacob's Ladder		サスペンス／ホラー	
133	ジェイとサイレント・ボブ　帝国への逆襲　Jay & Bob: Strike Back		コメディー	
134	ジェシー・ジェームズの暗殺　Asassination of Jesse James by Coward Robert Ford		西部劇	プ
135	地獄の黙示録　Apocalypse Now		戦争	
136	司祭　Priest		ドラマ	カ
137	獅子王リチャード　King Richard and The Crusaders		史劇	カ
138	十戒　The Ten Commandments		史劇	
139	シックス・センス　The Sixth Sense		サスペンス／ホラー	カ
140	シッピング・ニュース　The Shipping News		ドラマ	
141	シティ・オブ・エンジェル　City of Angels		ロマンス	
142	死にゆく者への祈り　A Prayer For The Dying		サスペンス／ホラー	カ
143	シャイン　Shine		ドラマ	ユ
144	シャッフル　Premonithon		ドラマ	
145	ジャンヌ・ダルク　Jean of Ark		史劇	カ
146	十二人の怒れる男　12 Angry Men		サスペンス／ホラー	
147	情炎の女サロメ　Salome		ドラマ	

人物・キリスト教関連事項	聖書箇所	主演	監督	製作年
		イアン・マイケル・スミス	マーク・スティーヴン・ジョンソン	1998
トラップ・ファミリー	詩篇121:2	ジュリー・アンドリューズ	ロバート・ワイズ	1964
ベー・チェチョル		ユ・ジテ	キム・サンマン	2014
サムソンとデリラ	士師記16章	ヴィクター・マチュア	セシル・B・デミル	1950
		リヴ・ウルマン	イングマール・ベルイマン	2003
アダム	創世記	ウーピー・ゴールドバーグ	ダレル・ジェイムズ・ルート	1992
十戒（第6戒）	出エジプト記	ジェイムズ・ウッズ	オリヴァー・ストーン	1986
		イヴ・モンタン	レイモン・ルーロー	1956
サロメ	四福音書	グレンダ・ジャクソン	ケン・ラッセル	1987
イエス・キリスト	四福音書	ディオゴ・モルガド	クリストファー・スペンサー	2014
サンタクロース		デイヴィッド・ハドルストン	ヤノット・シュワルツ	1985
サンタクロース		ティム・アレン	ジョン・パスキン	1994
クリスマス		サラ・ジェシカ・パーカー	トマス・ベズーチャ	2005
フレッド・ロジャース		トム・ハンクス	マリエル・ヘラー	2019
イエス・キリスト	四福音書	ブライアン・ディーコン	J/サイクス・クリシュ	1979
イエス・キリスト	四福音書	テッド・ニーリー	ノーマン・ジュイソン	1973
ヤコブのはしご	創世28:10-12	ティム・ロビンズ	エイドリアン・ライン	1990
	マタイ7:12	ジェイソン・ミューズ	ケヴィン・スミス	2001
ジェシー・ジェイムズ、誕生、受難週、山上の垂訓	新約聖書	ブラッド・ピット	アンドリュー・ドミニク	2007
洗礼	黙示録	マーロン・ブランド	フランシス・フォード・コッポラ	1979
		ライナス・ローチ	アントニア・バード	1994
英国リチャード王		ジョージ・サンダーズ	デイヴィッド・バトラー	1954
モーセ	出エジプト記	チャールトン・ヘストン	セシル・B・デミル	1956
		ブルース・ウィルス	M・ナイト・シャマラン	1999
洗礼		ケヴィン・スペイシー	ラッセ・ハルストレム	2001
天使、洋ナシ＝死のシンボル	エゼキエル10:21	メグ・ライアン	ブラッド・シルバーリング	1998
		ミッキー・ローク	マイク・ホッジス	1997
禁断の果実、堅信式	創世3:2-7、エレミヤ10:23	ジェフリー・ラッシュ	スコット・ヒックス	1995
主の祈り		サンドラ・ブロック	メナン・ヤボ	2007
ジャンヌ・ダルク		ミラ・ジョヴォヴィッチ	リュック・ベッソン	1999
イスカリオテのユダ、12人の陪審員＝12弟子、12＝完全数	新約聖書	ヘンリー・フォンダ	シドニー・ルメット	1957
洗礼者ヨハネ	新約聖書	リタ・ヘイワース	ウィリアム・ディターレ	1953

NO.	タイトル	シリーズ	ジャンル	教派
148	少年たち 「カラマーゾフの兄弟」より Boys Malchiki		ドラマ	ロ正
149	少年の町 Boys Town		ドラマ	カ
150	ショーシャンクの空に The Shawshank Redemtion		ドラマ	
151	ショウほど素敵な商売はない There's No Business Like Show Business		ミュージカル	カ
152	ショコラ Chocolat		ドラマ	カ
153	処女の泉 Jungfrukallan (The Virgin Spring)		ドラマ	プ
154	ジョニーは戦場へ行った Johny Got His Gun		戦争	
155	白バラの祈り ゾフィー・ショル 最期の日々 Sophie Scholl – Die letzten Tage		戦争	プ
156	ジングル・オール・ザ・ウェイ Jingle All The Way		ファミリー	プ
157	シン・レッド・ライン The Thin Red Line		戦争	プ
158	人生は、奇跡の詩(うた) La Tigre E La Neve (The Tiger and the show)		ドラマ	
159	シンドラーのリスト Schindler's List		人物・伝記	ユ
160	枢機卿 The Cardinal		ドラマ	カ
161	スーパーマン②冒険篇③電子の要塞④最強の敵 Superman	1-4	SF	
162	スーパーマン リターンズ Superman Returns		SF	
163	スカーレット・レター The Scarlet Letter		ドラマ	
164	スターウォーズ Star Wars	1-6	SF	
165	ストレイト・ストーリー The Straight Story		ドラマ	プ
166	素晴らしき哉、人生! It's a Wonderful Life		ドラマ	
167	スペンサーの山 Spencer's Mountain		ファミリー	プ
168	スリーパーズ Sleepers		社会派	カ
169	聖衣 The Robe		史劇	
170	聖週間 Wielki Tydzien		戦争	ユ
171	聖女ジャンヌ・ダルク Saint Joan		史劇	カ
172	聖なる漁夫 The Big Fisherman		史劇	
173	セブン Seven		サスペンス／ホラー	カ
174	戦火の勇気 Courage Under Fire		戦争	プ
175	戦場のアリア Joyeux Noel (Merry Christmas)		戦争	カ

人物・キリスト教関連事項	聖書箇所	主演	監督	製作年
		ドミトリー・チェルニゴフスキー	ユーリー・グリゴリエワ	1990
		スペンサー・トレイシー	ノーマン・タウログ	1938
出エジプト	マルコ13:35、ヨハネ8：12、Ⅰコリント13:14、出エジプト14:7、22:12	ティム・ロビンス	フランク・ダラボン	1994
疑い深いトマス	ヨハネ20章	マリリン・モンロー	ウォルター・ラング	1954
レント（四旬節）	ガラテヤ5:20, 21	ジュリエット・ビノシュ	ラッセ・ハルストレム	2001
		マックス・フォン・シドー	イングマール・ベルイマン	1959
メリー・クリスマス	創世1:27、Ⅰヨハネ4:8	ティモシー・ボトムズ	ドールトン・トランボ	1971
		ユリア・イェンチ	マルク・ローテムント	2005
クリスマス		アーノルド・シュワルツェネッガー	ブライアン・レヴァント	1996
		ショーン・ペン	テレンス・マリック	1998
主の祈り		ロベルト・ベニーニ	ロベルト・ベニーニ	2005
オスカー・シンドラー		レイアム・ニーソン	スティーヴン・スピルバーグ	1993
		トム・トライオン	オットー・プレミンジャー	1962
スーパーマン＝キリスト(救世主)	ヨハネ3:16	クリストファー・リーブ	リチャード・レスターほか	1978-87
同上	ヨハネ3:16	ブランドン・ラウス	ブライアン・シンガー	2006
淫婦バビロン	黙示録7:3-5	デミ・ムーア	ローランド・ジョフィ	1995
アナキン＝イエス・キリスト、ダース・ベイダー＝ユダ、アミダラ姫＝マグダラのマリア		ハリソン・フォード	ジョージ・ルーカス	1977-2005
		リチャード・ファンズワース	デイヴィッド・リンチ	1999
天使		ジェイムズ・スチュアート	フランク・キャプラ	1946
		ヘンリー・フォンダ	デルマー・デイヴィス	1963
十戒(第9戒)	出エジプト記	ロバート・デニーロ	バリー・レビンソン	1996
イエス・キリスト、ペテロ(ペトロ)	新約聖書	リチャード・バートン	ヘンリー・コスター	1953
		ベアタ・フダレイ	アンジェイ・ワイダ	1995
ジャンヌ・ダルク		ジーン・セバーグ	オットー・プレミンジャー	1957
ペテロ(ペトロ)	新約聖書	ハワード・キール	フランク・ボーゼージ	1959
七つの大罪、失楽園、7＝完全数	創世3章、マルコ7:21-23、ローマ13:13,14、Ⅱコリント12:20	ブラッド・ピット	デイヴィッド・フィンチャー	1995
		デンゼル・ワシントン	エドワード・ズウィック	1996
「きよしこの夜」		ダイアン・クルーガー	クリスチャン・カリオン	2005

NO.	タイトル	シリーズ	ジャンル	教派
176	宗家の三姉妹　The Soong Sisters		ドラマ	プ
177	ソドムとゴモラ　Sodom and Gomorrah		史劇	
178	ソフィーの選択　Sophie's Choise		ドラマ	カ
179	ソロモンとシバの女王　Solomon And Sheba		史劇	
180	ターミネーター　The Terminator	1-3	SF	
181	タイタニック　Titanic		ロマンス	
182	タイタンズを忘れない　Remember The Titans		スポーツ	
183	第七の封印　Det Sjunde Inseglet (The Seventh Seal)		史劇	
184	第七の予言　The Seventh Sign		サスペンス／ホラー	
185	太陽の誘い　Under The Sun		ドラマ	プ
186	ダビデとゴライアス　David And Gliath		史劇	
187	ダ・ヴィンチ・コード　The Da Vinci Code		サスペンス／ホラー	カ
188	タワーリング・インフェルノ　The Towering Inferno		パニック	
189	小さな恋のメロディー　Melody		ロマンス	
190	父の祈りを　In The Name of The Father		ドラマ	プ
191	沈黙　Tystnaden		ドラマ	
192	沈黙—サイレンス—　Silence		史劇	カ
193	ディアボロス/悪魔の扉　The Devil's Advocate		サスペンス／ホラー	
194	ディープ・インパクト　Deep Impact		SF	
195	ディミトリアスと闘士　Demetrius and The Gladiators		史劇	
196	デッドマン・ウォーキング　Dead Man Walking		社会派	プ
197	テラビシアにかける橋　Bridsge toTerabithia		ファンタジー	
198	テレーズ　Therese		ドラマ	カ
199	天国からの奇跡　Miracles from Heaven		天国と地獄	プ
200	天国の門　Heaven's Gate		西部劇	
201	天国は、ほんとうにある　Heaven is for Real		ノンフィクション	プ

人物・キリスト教関連事項	聖書箇所	主演	監督	製作年
蒋介石の妻		マギー・チャン	メイベル・チャン	1997
	創世19章	スチュアート・グレンジャー	ロバート・アルドリッチ	1961
	マタイ19:13-16	メリル・ストリープ	アラン・J・パクラ	1982
ソロモンとシバ(シェバ)の女王	Ⅰ列王10章、Ⅱ歴代9章	ユル・ブリンナー	キング・ヴィダー	1959
ジョン・コナー＝イエス・キリスト	新約聖書	アーノルド・シュワルツェネッガー	ジェイムズ・キャメロン	1984, 1991, 2003
マリアへの祈り、讃320「主よみもとに近づかん」、讃407「涯＜はて＞しも知られぬ」	詩篇23:4、マルコ12:31、黙示録21:1,4	レオナルド・ディカプリオ	ジェイムズ・キャメロン	1997
人種差別	イザヤ40:31	デンゼル・ワシントン	ジェリー・ブラッカイマー	2000
十字軍、神義論	黙示録8-10章	マックス・フォン・シドー	イングマール・ベルイマン	1956
	黙示録17章	マイケル・ビーン	カール・シュルツ	1992
		ロルフ・ラスゴード	コリン・ナトリー	1998
ダビデとゴリヤテ	Ⅰサムエル17章	イーヴォ・ペイヤー	リシャール・ポチエ	1959
レオナルド・ダ・ヴィンチ	ヨブ38:11、新約聖書	トム・ハンクス	ロン・ハワード	2006
バベルの塔	創世11章	ポール・ニューマン	ジョン・ギラーミン	1975
讃美歌66	マルコ2:1-12	マーク・レスター	ワリス・フセイン	1971
		ダニエル・デイ・ルイス	ジム・シェリダン	1993
"神の沈黙"三部作③		グンネル・リンドブロム	イングマール・ベルイマン	1963
神の沈黙		アンドリュー・ガーフィールド	マーティン・スコセッシ	2016
ミルトン所長＝悪魔		アル・パチーノ	テイラー・ハックフォード	1997
ノアの箱舟	旧約聖書	ロバート・デュヴォール	ミミ・レダー	1998
	新約聖書	ヴィクター・マチュア	デルマー・デイヴィス	1954
十戒、葬儀、イースター	創世9:6、出エジプト20:13、21:24、レビ24:20、イザヤ43:1, 2、マタイ5:39、26:52、ヨハネ8:32、ローマ13:1, 2	スーザン・サランドン	ティム・ロビンズ	1995
地獄	ヘブル9:27、黙示録20:11-16	ジョシュ・ハッチャーソン	ガボア・クスポ	2007
		カトリーヌ・ムシェ	アラン・カヴァリエ	1996
天国、奇跡		ジェニファー・ガーナー	パトリシア・リゲン	2015
カインとアベル	創世4章	クリス・クリストファーソン	ジョアン・カレーリ	1981
天国		グレッグ・キニア	ランドール・ウォレス	2014

NO.	タイトル	シリーズ	ジャンル	教派
202	天使と悪魔　Angels and Devils		サスペンス／ホラー	カ
203	天使とデート　Date with An Angel		ロマンス	
204	天使にラブ・ソングを　Sister Act	1	ミュージカル	カ
205	天使にラブ・ソングを2　Sister Act 2 Back in The Habit	2	ミュージカル	カ
206	天使の贈りもの　The Preacher's Wife		ヒューマン	
207	天使のくれた時間　The Family Man		ロマンス	
208	天使の旅立ち　Entertaining Angels: The Dorothy Day Story		人物・伝記	カ
209	天地創造　The Bible : In The Beginning		史劇	
210	トゥルー・クライム　True Crime		社会派	プ
211	遠い夜明け　Cry Freedom		ドラマ	プ
212	ドグマ　Dogma		コメディー	
213	ドライビング　Missデイジー　Driving Miss Daisy		ヒューマン	ユ
214	鳥　The Birds		サスペンス／スリラー	
215	永遠の愛に生きて　Shadowlands		人物・伝記	プ
216	ナザレのイエス　Jesus of Nazareth		史劇	
217	夏休みのレモネード　Stolen Summer		ファミリー	カ／ユ
218	七つの大罪　Les Sept Peches Capitaux		ドラマ	カ
219	名もなき生涯　A Hidden Life		人物・伝記	プ
220	ナルニア国物語／第1章：ライオンと魔女　Chronicles of Narnia, The: The Lion, The Witch and The Wardrobe	1	アドベンチャー／ファンタジー	プ
221	ナルニア国物語／第2章：カスピアン王子の角笛　Chronicles of Narnia, The: The Lion, Prince Caspian	2	アドベンチャー／ファンタジー	プ
222	ナルニア国物語／第3章：アスラン王と魔法の島　Chronicles of Narnia, The: The Lion, The Voyage of The Dawn Treader	3	アドベンチャー／ファンタジー	プ
223	尼僧の恋　Sparrow		ロマンス	カ
224	尼僧物語　The Nun's Story		ドラマ	カ
225	ニュー・シネマ・パラダイス　Nuovo Cinema paradiso		ドラマ	
226	ノア　約束の舟　Noah		史劇	
227	ノートルダムの鐘　The Bell of Notre Dame		ファミリー	カ
228	野のユリ　Lilies Of The Field		ドラマ	カ／プ
229	ハウエルズ家のちょっとおかしなお葬式　Death At A Funeral		コメディー	

人物・キリスト教関連事項	聖書箇所	主演	監督	製作年
天使、悪魔		トム・ハンクス	ロン・ハワード	2009
天使		エマニュエル・ベアール	トム・マクローリン	1987
聖母への祈り		ウーピー・ゴールドバーグ	エミール・アルドリーノ	1992
		ウーピー・ゴールドバーグ	ビル・デューク	1993
天使、祈り		デンゼル・ワシントン	ペニー・マーシャル	1996
天使		ニコラス・ケイジ	ブレット・ラトナー	2000
ドロシー・デイ		モイラ・ケリー	マイケル・レイ・ローデス	1996
アダムとエバほか	創世記	ジョン・ヒューストン	ジョン・ヒューストン	1966
		クリント・イーストウッド	クリント・イーストウッド	1999
		ケヴィン・クライン	リチャード・アッテンボロー	1987
天使	マタイ16:19、18:18	ベン・アフレック	ケヴィン・スミス	1999
讃312「慈しみ深き」	申命6:4、エペソ5:8、6:12	ジェシカ・タンディー	ブルース・ベレスフォード	1989
	エゼキエル6:5、イザヤ5:11、マタイ6:26	ロッド・テイラー	アルフレッド・ヒッチコック	1963
C.S.ルイス		アンソニー・ホプキンズ	リチャード・アッテンボロー	1996
イエス・キリスト	四福音書	ロバート・パウエル	フランコ・ゼフィレリ	1977
		エイダン・クイン	ピート・ジョーンズ	2001
		ミシェル・モルガン	ロベルト・ロッセリーニほか	1952
フランツ・イェーガーシュテッター		アウグスト・ディール	テレンス・マリック	2019
アスラン=イエス・キリスト	黙示録	ウィリアム・モーズリー	アンドリュー・アダムソン	2005
アスラン=イエス・キリスト	黙示録	ウィリアム・モーズリー	アンドリュー・アダムソン	2008
アスラン=イエス・キリスト	黙示録	ジョージ・ヘンリー	マイケル・アプテッド	2010
		アンジェラ・ベティス	フランコ・ゼフィレリ	1993
		オードリー・ヘップバーン	フレッド・ジンネマン	1958
聖金曜日		フィリップ・ノワレ	ジュゼッペ・トルナトーレ	1989
ノア	創世6-9章	ラッセル・クロウ	ダーレン・アロノフスキー	2014
		(アニメーション)	ゲイリー・トルースデイル	1996
	マタイ6:26-34	シドニー・ポワチエ	ラルフ・ネルソン	1963
葬儀	Ⅰサムエル18:1, 3, 4	マシュー・マクファデン	フランク・オズ	2007

NO.	タイトル	シリーズ	ジャンル	教派
230	パウロ　〜愛と赦しの物語〜　Paul, Apostle of Christ		史劇	
231	バウンティフルへの旅　The Trip to Bountiful		ドラマ	
232	博士の異常な愛情　Dr. Strangelove		SF	
233	白鯨　Moby Dick		ドラマ	
234	パッション　The Passion of The Christ		史劇	
235	パッチ・アダムス　Patch Adams		人物・伝記	プ
236	波止場　On The Waterfront		ドラマ	カ
237	パトリオット　The Patriot		史劇	プ
238	バベットの晩餐会　Babette's Feast		ドラマ	
239	ハムレット　Hamlet		ドラマ	
240	薔薇の名前　The Name of The Roses		サスペンス／ホラー	カ
241	バラバ　Barabbas		史劇	
242	遥かなる帰郷　La Tregua		戦争	ユ
243	パルプ・フィクション　Pulp Fiction		ロマンス	
244	ハワイ　Hawaii		史劇	プ
245	ピアノ・レッスン　The Piano		ロマンス	
246	日蔭のふたり　Jude		ドラマ	
247	羊たちの沈黙　The Silence of The Lamb		サスペンス／ホラー	
248	ひと月の夏　A Month in The Country		ドラマ	プ
249	ピノキオ　Pinocchio		ファミリー	
250	陽はまた昇る　The Sun Also Rises		ドラマ	
251	白夜の時を越えて　Fire-Eater		ドラマ	カ
252	評決のとき　A Time to Kill		社会派	プ
253	昼下がりの決斗　Ride The High Country		西部劇	プ
254	ファースト・ワイフ・クラブ　The First Wive's Club		コメディー	ユ
255	フェノミナン　henomenon		アドベンチャー／ファンタジー	
256	フォレスト・ガンプ　一期一会　Forrest Gump		ドラマ	
257	普通じゃない　A Life Less Ordinary		ロマンス	
258	復活　Risen		史劇	
259	ブック・オブ・ライフ　The Book of Life		SF	
260	フットルース　Footloose		ドラマ	
261	冬の光　Nattvardsgasterna (Winter Light)		ドラマ	

人物・キリスト教関連事項	聖書箇所	主演	監督	製作年
パウロ	ルカ、使徒	ジム・カヴィーゼル	アンドリュー・ハイアット	2018
聖歌409		ジュラルディン・ペイジ	ピーター・マスターソン	1985
終末	黙示録	ピーター・セラーズ	スタンリー・キューブリック	1964
	ヨナ1:17	グレゴリー・ペック	ジョン・ヒューストン	1956
イエス・キリスト	四福音書	ジム・カヴィーゼル	メル・ギブソン	2004
パッチ・アダムズ、黄金律、葬儀		ロビン・ウィリアムズ	トム・シャドヤック	1998
		マーロン・ブランド	エリア・カザン	1954
		メル・ギブソン	ローランド・エメリッヒ	2000
最後の晩さん	四福音書	ステファーヌ・オードラン	ガブリエル・アクセル	1987
	マタイ10:29-31	ローレンス・オリヴィエ	ローレンス・オリヴィエ	1947
	黙示録8章	ショーン・コネリー	ジャン＝ジャック・アノー	1986
バラバ	マタイ27:16	アンソニー・クイン	リチャード・フライシャー	1962
		ジョン・タトゥーロ	フランチェスコ・ロージ	1996
	エゼキエル25:17	サミュエル・ジャクソン	クエンティン・タランティーノ	1994
宣教師		ジュリー・アンドリューズ	ジョージ・ロイ・ヒル	1966
洗礼		ホリー・ハンター	ジェイン・カンピオン	1993
使徒信条	ヨブ12:3	クリストファー・エクルストン	マイケル・ウィンターボトム	1996
	哀歌	ジョディー・フォスター	ジョナサン・デミ	1990
		コリン・ファース	パット・オーコナー	1987
	ヨナ	（アニメーション）	ベン・シャープスティーン	1952
	伝道者	タイロン・パワー	ヘンリー・キング	1957
聖人クリストフォロス		エリーナ・フルメ	ピルヨ・ホンカサロ	1998
	伝道者	マシュー・マコノヒー	ジョエル・シューマッカー	1996
エデンの園	箴言8:5、11:2, 22、23:27、イザヤ30:6	ランドルフ・スコット	サム・ペキンパー	1962
		ベット・ミドラー	ヒュー・ウィルソン	1996
	エレミヤ	ジョン・トラボルタ	ジョン・タートルトーブ	1996
ジェニー＝マグダラのマリア		トム・ハンクス	ロバート・ゼメキス	1994
天使		ユアン・マクレガー	ダニー・ボイル	1997
復活	四福音書	ジョセフ・ファインズ	ケヴィン・レイノルズ	2016
悪魔、マグダラのマリア、いのちの書	黙示録6:9、20：13,15	マーティン・ドノヴァン	ハル・ハートリー	1998
讃312「慈しみ深き」	詩篇149篇、黙示録8:13-9:2	ケヴィン・ベイコン	ハーバート・ロス	1984
"神の沈黙" 三部作②		マックス・フォン・シドー	イングマール・ベルイマン	1963

NO.	タイトル	シリーズ	ジャンル	教派
262	プライベート・ベンジャミン　Private Benjamin		コメディー	ユ
263	プライベート・ライアン　Saving Private Ryan		戦争	
264	ブラザーサン・シスタームーン　Brother Sun, Sister Moon		史劇	カ
265	ブラックウォーター　Blackwater Trail		サスペンス／ホラー	
266	フランチェスコ　Francesco		史劇	カ
267	プリンス・オブ・エジプト　The Prince of Egypt		史劇	
268	プレイス・イン・ザ・ハート　Places In The Heart		ドラマ	
269	ブレイブハート　Braveheart		史劇	
270	ブレス・ザ・チャイルド　Bless The Child		サスペンス／ホラー	
271	フレンジー　Frenzy		サスペンス／スリラー	
272	ペイ・フォワード　可能の王国　Pay It Forward		ドラマ	
273	ヘブンズ・ゲート　The Minion		サスペンス／ホラー	
274	ベルリン・天使の詩　Wings of Desire	1	ファンタジー	
275	時の翼にのって／ファラウェイ・ソー・クロース!　Faraway, So Close!	2	ファンタジー	
276	ベンハー　Ben Hur		史劇	
277	ホーム・アローン　Home Alone	1-3	ファミリー	カ
278	ポーラー・エクスプレス　The Polar Express		ファミリー	プ
279	僕たちのアナ・バナナ　Keeping The Faith		ロマンス	カ
280	ぼくの神さま　Edges of The Lord		ドラマ	カ／プ
281	僕の大事なコレクション　Everything is Illuminated		ドラマ	ユ
282	僕はイエス様が嫌い　Jesus		ドラマ	
283	ポセイドン　Poseidon		パニック	
284	ポセイドン・アドベンチャー　The Pseidon Adventure		パニック	
285	菩提樹　Die Trapp-Familie	1	ミュージカル	カ
286	続・菩提樹　Die Trapp-Familie in Amerika	2	ミュージカル	カ
287	ポネット　Ponette		ファミリー	カ
288	炎のランナー　Chariots Of Fire		人物・伝記	

人物・キリスト教関連事項	聖書箇所	主演	監督	製作年
		ゴールディー・ホーン	ハワード・ジーフ	1980
十字架	ルカ5:1-7	トム・ハンクス	スティーヴン・スピルバーグ	1998
フランチェスコ		グレイアム・フォークナー	フランコ・ゼフィレリ	1973
	マルコ12:38-40	ディー・スマート	イアン・バリー	1995
フランチェスコ		ミッキー・ローク	リリアーナ・カバーニ	1989
モーセ	出エジプト	(アニメーション)	ブレンダ・チャップマンほか	1999
	Iコリント13章	サリー・フィールド	ロバート・ベントン	1984
イスカリオテのユダ、ウィリアム・ウォレス	新約聖書	メル・ギブソン	メル・ギブソン	1995
悪魔		キム・ベイシンガー	チャック・ラッセル	2000
	詩篇91:5, 6, 11	ジョン・フィンチ	アルフレッド・ヒッチコック	1972
山上の垂訓		ハーリー・J・オズメント	ミミ・レダー	2000
ミレニアム	黙示録	ドルフ・ラングレン	ジャン・マルク・ピシェ	1998
天使ダミエル、カシエル(エル=神)		ブルーノ・ガンツ	ヴィム・ヴェンダーズ	1987
天使		オットー・ザンダー	ヴィム・ヴェンダーズ	1993
イエス・キリスト	四福音書	チャールトン・ヘストン	ウィリアム・ワイラー	1959
		マコーレイ・カルキン	クリス・コロンバス	1990, 1992, 1998
クリスマス、サンタクロース、信じること		トム・ハンクス(声)	ロバート・ゼメキス	2004
		ベン・スティラー	エドワード・ノートン	2000
		ハーリー・J・オズメント	ユーレク・ボガエヴィッチ	2001
		イライジャ・ウッド	リーヴ・シュレイバー	2005
		佐藤結良	奥山大史	2018
	出エジプト	ジョシュ・ルーカス	ウォルフガング・ペーターゼン	2006
	出エジプト	ジーン・ハックマン	ロナルド・ニーム	1972
マリア、トラップ・ファミリー		ルート・ロイヴェリック	ヴォルフガング・リーベンアイナー	1956
マリア、トラップ・ファミリー		ルート・ロイヴェリック	ヴォルフガング・リーベンアイナー	1959
	マタイ28:3	ヴィクトワール・ティヴィソル	ジャック・ドワイヨン	1996
十戒(第4戒)、エリック・リデル	出エジプト	ベン・クロス	ヒュー・ハドソン	1981

NO.	タイトル	シリーズ	ジャンル	教派
289	ポリアンナ　Pollyanna		ファミリー	プ
290	ボルケーノ　Volcano		パニック	
291	マーズ・アタック　Mars Attacks!		SF	
292	マイケル　Michael		ファミリー	
293	魔王　The Ogre		ドラマ	カ
294	マグノリア　Magnolia		ドラマ	
295	マグノリアの花たち　Steel Magnolias		ドラマ	
296	マザー・テレサ／母なることの由来　Mother Teresa		人物・伝記	カ
297	マスター・アンド・コマンダー　Master and Commander：The Far Side of The World		史劇	
298	マリア　The Nativity Story		史劇	
299	マルコムX　Malcolm X		社会派	
300	マルタのやさしい刺繍　Die Herbstzitlosen		ドラマ	
301	ミシシッピー・バーニング　Mississippi Burninng		社会派	プ
302	未知との遭遇　Close Encounters of The Third Kind		SF	
303	ミッション　The Mission		史劇	カ
304	ミッシング　Missing		社会派	
305	ミニヴァー夫人　Mrs. Miniver		ドラマ	
306	ミミック　Mimic		SF	
307	ミラノの奇跡　Miracolo A Milano		ドラマ	カ
308	ミレニアム／1000年紀　Millennium		SF	
309	メトロポリス　Metropolis		SF	
310	モール・ラッツ　Mall Rats			
311	約束の旅路　Va, Vis Et Deviens		ドラマ	ユ／プ
312	ヤコブへの手紙　Postta Pappi Jaakobille		ヒューマン	
313	屋根の上のバイオリン弾き　Fiddler On The Roof		ドラマ	ユ
314	野郎どもと女たち　Guys and Dolls		ミュージカル	プ
315	友情ある説得　The Friendly Persuasion		西部劇	プ
316	ユナイテッド93　United 93		ドラマ	
317	赦しのちから　Overcomer		ドラマ	プ
318	ヨーク軍曹　Sergeant York		人物・伝記	プ
319	夜の乗合自動車　You can't Runaway From It		コメディー	

人物・キリスト教関連事項	聖書箇所	主演	監督	製作年
聖公会、食前の祈り、礼拝説教（神の裁きvs喜び）、讃美歌539、聖歌354	外典「集会の書=ベン・シラの知恵」30:22	ヘイリー・ミルズ	デイヴィッド・スウィフト	1960
	マタイ7:26,27	トミー・リー・ジョーンズ	ミック・ジャクソン	1997
	ヨハネ11:25	ジャック・ニコルソン	ティム・バートン	1996
天使		ジョン・トラヴォルタ	ノーラ・エフロン	1996
聖人クリストフォロス		ジョン・マルコヴィッチ	フォルカー・シュレンドルフ	1996
十戒		トム・クルーズ	ポール・トマス・アンダーソン	1999
結婚式、葬儀		ジュリア・ロバーツ	ハーバート・ロス	1989
マザー・テレサ		（ドキュメンタリー）	アン・ペトリー	1986
主の祈り	ヨナ書	ラッセル・クロウ	ピーター・ウィアー	2003
クリスマス、イエスの母マリア	マタイ1章、ルカ1、2章	ケイシャ・キャッスル=ヒューズ	キャサリン・ハードウィック	2006
人種差別、マルコムX		デンゼル・ワシントン	スパイク・リー	1992
主の祈り(冒頭)		シュテファニー・グラーザー	ベティナ・オベルリ	2006
	創世9:27	ジーン・ハックマン	アラン・パーカー	1988
シナイ山		リチャード・ドレイファス	スティーヴン・スピルバーグ	1977
ガブリエル神父		ロバート・デニーロ	ローランド・ジョフィ	1986
クリスチャン・サイエンス		ジャック・レモン	コスタ・ガブラス	1982
葬儀		グリア・ガースン	ウィリアム・ワイラー	1942
イスカリオテのユダ、新種"ユダの血統"		ミラ・ソルヴィーノ	ギレルモ・デル・トロ	1997
		フランチェスコ・ゴリザーノ	ヴィットリオ・デ・シーカ	1951
	黙示録	クリス・クリストファーソン	マイケル・アンダーソン	1988
	黙示録17:3-5	ブリギッテ・ヘルム	フリッツ・ラング	1927
	マタイ14:31	ベン・アフレック	ケヴィン・スミス	1995
		シラク・M・サバハ	ラデュ・ミヘイルアニュ	2005
	ヤコブ	カーリナ・ハザード	クラウス・ハロ	2009
		ハイアム・トポル	ノーマン・ジュイソン	1971
救世軍		マーロン・ブランド	J・L・マンキーウィッツ	1956
クエーカー		ゲイリー・クーパー	ウィリアム・ワイラー	1957
9.11同時多発テロ、主の祈り、トッド・ビーマー		デイヴィッド・アラン・ブッシュ	ポール・グリーングラス	2006
赦し		アレックス・ケンドリック	アレックス・ケンドリック	2019
クエーカー、アルヴィン・ヨーク		ゲイリー・クーパー	ハワード・ホークス	1941
エリコの城	ヨシュア6章	ジャック・レモン	ディック・パウエル	1956

NO.	タイトル	シリーズ	ジャンル	教派
320	ライセンス・トゥ・ウエディング　License to Wed		コメディー	プ
321	ライブ・フレッシュ　Live Flesh		サスペンス／ホラー	
322	リバー・ランズ・スルー・イット　A River Runs Through It		ドラマ	
323	リメイニング　The Remaining		天国と地獄	プ
324	略奪の大地　Time of Parting		史劇	カ
325	歴史としての聖書　Und Die Bibel Hat Doch Recht		歴史・地理	
326	レザレクション　Resurrection		サスペンス／ホラー	
327	レフト・ビハインド　Left Behind		天国と地獄	プ
328	レ・ミゼラブル　Les Miserables		ドラマ	ユ／カ
329	レッサー・エヴィル　The Lesser Evil		ドラマ	カ
330	ローズマリーの赤ちゃん　Rosemary's Baby		サスペンス／ホラー	
331	ロスト・ソウルズ　Lost Souls		サスペンス／ホラー	
332	ロッキー　Rocky	1-6	スポーツ	カ
333	ワールド・トレード・センター　World Trade Center		ドラマ	
334	わが命つきるとも　A Man for All Seasons		史劇	プ
335	若草物語　Little Women		ファミリー	プ
336	わが谷は緑なりき　How Green Was My Valley		ドラマ	
337	我が道を往く　Going My Way		ドラマ	カ
338	忘れられない人　Untamed Heart		ロマンス	プ
339	私は告白する　I Confess		サスペンス／ホラー	カ
340	悪いことしましょ!　Bedazzled		コメディー	
341	ワン・フルムーン　Un Nos Ola Leuad		ドラマ	プ

人物・キリスト教関連事項	聖書箇所	主演	監督	製作年
聖公会、神の遍在、十戒、悪魔祓い	出エジプト20:13,14,17、詩篇116:5	ロビン・ウィリアムズ	ケン・クワピス	2007
	新約聖書	リベルト・ラバル	ペドロ・アルモドヴァル	1997
カインとアベル	旧約聖書	ブラッド・ピット	ロバート・レッドフォード	1993
再臨	Iテサロニケ4:13-18ほか	アレクサ・ヴェガ	ケイシー・ラ・スカラ	2014
		ヨシフ・サルチェジェフ	リュドミル・スタイコフ	1988
	旧新約聖書	(ドキュメンタリー)	ハラルト・ラインル	1977
十二使徒		クリストファー・ランバート	ラッセル・マルケイ	1999
再臨	Iテサロニケ4:13-18ほか	ニコラス・ケイジ	ヴィク・アームストロング	2014
主の祈り		レイアム・ニーソン	ビレ・アウグスト	1998
		コルム・フィオール	デイヴィッド・マッキー	1998
悪魔		ミア・ファロー	ローマン・ポランスキー	1968
悪魔		ウィノーナ・ライダー	ヤヌス・カミンスキー	2000
③ミッキーの死	③ヨハネ11:25, 26 ⑥ゼカリヤ4:6	シルヴェスター・スタローン	ジョン・G・アヴィルドセン	1976-2006
9.11同時多発テロ、主の祈り		ニコラス・ケイジ	オリヴァー・ストーン	2006
英国国教会(聖公会)、トマス・モア		ポール・スコフィールド	フレッド・ジンネマン	1966
		ジューン・アリソン	マーヴィン・ルロイ	1949
	詩篇23篇、イザヤ	ドナルド・クリスプ	ジョン・フォード	1941
		ビング・クロスビー	レオ・マッケリー	1944
		クリスチャン・スレイター	トニー・ビル	1993
		モンゴメリー・クリフト	アルフレッド・ヒッチコック	1953
悪魔		エリザベス・ハーリー	ハロルド・ライミス	2000
		ダーバン・ロバーツ	エンダブ・エムリン	1991

字幕翻訳 虎の巻

聖書を知ると英語も映画も **10**倍楽しい

2020 年 11 月 20 日発行
2021 年 4 月 1 日再刷

著者　小川政弘

発行　いのちのことば社＜フォレストブックス＞

〒 164-0001　東京都中野区中野 2-1- 5
編集　Tel.03-5341-6924　Fax. 03-5341-6932
営業　Tel.03-5341-6920　Fax. 03-5341-6921

印刷・製本　日本ハイコム株式会社

ブックデザイン：Yoshida grafica 吉田ようこ

聖書 新改訳 2017©2017 新日本聖書刊行会

＊英語版聖書は、New International Version(1984 年版)
を使用しました。

落丁・乱丁はお取り替えいたします。